# MANUAL DE ECOLOGIA

Do jardim ao poder
Volume 2

Livros do autor na Coleção **L&PM** POCKET

*Manual de ecologia - volume 1*
*Manual de ecologia - volume 2*

# JOSÉ LUTZENBERGER

# MANUAL DE ECOLOGIA

## DO JARDIM AO PODER
### VOLUME 2

www.lpm.com.br

**L&PM** POCKET

Coleção **L&PM** POCKET, vol. 1072

Texto de acordo com a nova ortografia.

*Seleção e edição de textos*: Lilian Dreyer

*Manual de ecologia: do jardim ao poder* (vol. 1 e 2) foi publicado pela L&PM Editores em primeira edição, num volume único, sob o título *Manual de ecologia: do jardim ao poder*, em formato 14x21cm, em 1985
Primeira edição na Coleção **L&PM** POCKET: setembro de 2012

*Capa*: Marco Cena
*Revisão*: L&PM Editores

CIP-Brasil. Catalogação na fonte
Sindicato Nacional dos Editores de livros, RJ

---

L992m
v.2

Lutzenberger, José A. (José Antonio), 1926-2002.
 Manual de ecologia: do jardim ao poder, volume 2 / José Lutzenberger; [organização de Lilian Dreyer]. – Porto Alegre, RS: L&PM, 2012.
 160p. : 18 cm   (Coleção L&PM POCKET; v. 1072)

 ISBN 978-85-254-2728-1

 1. Ecologia. 2. Sustentabilidade. 3. Meio ambiente. 4. Proteção ambiental. 5. Preservação ambiental. I. Título. II. Série.

| 12-5874. | CDD: 577 |
|---|---|
|  | CDU: 502.1 |

---

© Lilly e Lara Lutzenberger e Lilian Dreyer, 2012

Todos os direitos desta edição reservados a L&PM Editores
Rua Comendador Coruja, 314, loja 9 – Floresta – 90220-180
Porto Alegre – RS – Brasil / Fone: 51.3225.5777 – Fax: 51.3221.5380

Pedidos & Depto. comercial: vendas@lpm.com.br
Fale conosco: info@lpm.com.br
www.lpm.com.br

Impresso na Gráfica e Editora Pallotti, em Santa Maria, RS, Brasil
Primavera 2012

# JOSÉ LUTZENBERGER
(1926-2002)

José Lutzenberger é o mais destacado ambientalista que o Brasil já conheceu. Nascido em Porto Alegre em dezembro de 1926, Lutzenberger estudou Agronomia e poucos anos depois de formado tornou-se executivo graduado de uma multinacional europeia da agroquímica, ocupando cargos de chefia da empresa nas sedes da Venezuela, de onde comandava operações no norte da América do Sul e Caribe, e depois no Marrocos, para operações no norte da África. Inconformado com a enxurrada química na agricultura, pelo advento dos modernos agrotóxicos, demitiu-se da empresa e voltou para sua cidade natal, buscando atuação profissional coerente com sua formação de naturalista e ecólogo, aperfeiçoada nos anos em que atuou no exterior. Em Porto Alegre passou a liderar a Associação Gaúcha de Proteção ao Ambiente Natural, a Agapan, em 1971, e a partir de então viria a tornar-se mais conhecido como Lutz, um ativista de tempo integral que mudou a face da luta ecologista no Brasil e no mundo.

Primeiro brasileiro a conquistar o "Livelihood Award" da academia sueca que concede o "Nobel Alternativo", Lutzenberger foi durante dois anos ministro do Meio Ambiente, e nessa condição participou da organização da Conferência Mundial para o Meio Ambiente da ONU no Rio de Janeiro, a famosa Eco-92. Poliglota, fluente em cinco idiomas, Lutz tornou-se conferencista internacional, interlocutor obrigatório de centenas de organizações não governamentais, universidades, instituições de pesquisa e governos de todo o planeta. Mas nunca mais abandonou o Brasil, onde instituiu a Fundação Gaia, para desenvolver sua concepção de cultura ecológica e constituir-se em centro de educação para a vida sustentável.

Excêntrico e libertário como sempre, Lutz morreu aos 75 anos, no mesmo bairro Bom Fim em que nasceu. Foi restituído à terra no Rincão Gaia, no município de Pantano Grande, e sobre sua sepultura, plantado a seu pedido, cresce um umbu – a árvore símbolo do Rio Grande do Sul.

# ÍNDICE

Apresentação – *Lilian Dreyer* ............................. 9
Folha seca não é lixo ........................................... 13
Em defesa do aguapé ........................................... 16
Como construir fossa séptica eficiente ................ 23
Saneamento básico: uma proposta ...................... 29
Inundações, suas causas e consequências ........... 38
Lixo: uma proposta de solução ........................... 47
Ou o Brasil acaba com a saúva, ou...? ................ 76
Colheitas e pragas: a resposta está nos venenos? ... 83
Princípios básicos da agricultura ecológica ........ 104
Repensando o cultivo do arroz ............................ 125
Álcool combustível: um engodo .......................... 128
Como melhorar a produção de álcool ................. 136
As florestas tropicais e o clima ............................ 141
Perniciosa cegueira cultural ................................. 150

# APRESENTAÇÃO

*Lilian Dreyer\**

José Lutzenberger tinha uma capacidade prodigiosa de perceber conexões, e tentou como pôde levar seus companheiros de espécie a percebê-las também. Ele foi um dos primeiros ecólogos de projeção mundial a insistir, incansavelmente, na urgência de compreendermos que os processos da natureza se complementam uns aos outros e que cada espécie, mesmo a mais localizada ou "insignificante", desempenha um papel importante na manutenção do equilíbrio desse sistema. Por que essa compreensão seria urgente? Porque o equilíbrio é muito delicado, e porque os humanos interferem nele com uma tecnologia poderosa – e bem pouco sábia. Toda vez que desestabilizamos uma espécie, toda vez que interferimos em ecossistemas e biomas cuja funcionalidade ainda nem compreendemos, acabamos por causar transtornos que se acumulam e que acabarão por alcançar dimensões planetárias.

Passaram-se quatro décadas desde que Lutzenberger e mais alguns visionários começaram a alertar para uma perigosa alteração no clima da Terra – e, a propósito, com as informações de que dispunha até próximo do ano de 2002, quando morreu, ele se alinhava entre os que tinham dúvidas sobre se a Terra estaria caminhando para um aquecimento ou para um novo ciclo de resfriamento, mas tinha certeza de que, qualquer que fosse a tendência natural, estávamos exercendo sobre ela uma pressão que

---

\* Jornalista e escritora. (N.E.)

em nenhuma das hipóteses traria resultados favoráveis para nós. Nós, quem? Quem sai prejudicado por esses desequilíbrios impostos à natureza? O planeta Terra? Lutzenberger bem pouco se preocupava com o futuro do planeta. "A Terra tem muito tempo", ele costumava dizer. O planeta, sem a interferência humana, rapidamente recuperaria seus equilíbrios. Mas os humanos, sem os equilíbrios do planeta, rapidamente perderão o futuro.

Os governos nacionais ainda demonstram grande dificuldade em assimilar essa noção. Na prática, a maioria continua agindo como se o tempo para colocar limites à insensatez ainda não tivesse se apresentado. Entre os países ansiosos por se tornarem "emergentes" continua em voga a ideia – nem sempre injustificada, é verdade – de que os países ricos querem usar a proteção à natureza como instrumento para limitar o crescimento econômico dos demais. Ainda se fala da natureza como algo que, em nome da erradicação da pobreza, deve ser arredado ou então explorado até a exaustão. Entretanto, no dizer de Lutzenberger, a pobreza não será erradicada pelo nosso atual modelo de progresso. A pobreza é causada pelo nosso modelo de progresso.

A biodiversidade do território brasileiro ainda é tão espetacular que só pode despertar admiração e, provavelmente, cobiça entre aqueles que entendem o seu valor. O que só torna mais lastimável que até hoje, em praticamente nenhum nível da administração pública, nem no imaginário da população, essa riqueza seja em primeiro lugar reverenciada e, em segundo, vista como um incomparável trunfo. "A maioria dos governantes e dos políticos não enxerga porque não lhes interessa enxergar", afirmava Lutzenberger. "Soluções descentralizadas, baratas, que não exigem liberação de polpudas verbas e grandes empréstimos, como algo assim pode interessar aos grandes e pequenos traficantes de influências que infestam a vida nacional?"

Ainda assim, Lutzenberger acalentava o sonho de ver o Brasil se transformar em "berço de um renascimento cultural da humanidade." Conclamava os brasileiros, especialmente os que buscam inserção na atividade econômica, a inspirar-se nos métodos e modelos dos sistemas naturais. Estava convencido de que aí se encontra a chave do progresso justo e consistente. Ele próprio dedicou seus melhores esforços a esse caminho, desenvolvendo propostas de soluções ecológicas para os mais diversos aspectos da atividade humana. Parte desse trabalho é apresentado neste *Manual de Ecologia – Do Jardim ao Poder*, de que se lança agora o segundo volume.

O autor destes textos nunca quis que eles fossem lidos como verdades ou receitas acabadas. Ele desejava que servissem como um princípio de caminho, sinalizadores para outro tipo de possibilidades. Neste novo momento histórico, em que a internet e as redes sociais começam a deslocar o poder de informação e decisão, talvez falte isso – sinalizações apropriadas – para devolver aos cidadãos a capacidade de recuperar equilíbrios e definir um bom futuro.

*agosto de 2012*

# FOLHA SECA NÃO É LIXO*

*Um tapete de folhas dá vida ao solo e abrigo à fauna.*

A luxuriante hileia, a floresta tropical úmida da Amazônia, floresce há milhões de anos sobre solos que estão entre os mais pobres do mundo. Esse fato intrigava muitos estudiosos. O grande cientista alemão, explorador da Amazônia, Alexander Von Humboldt, ainda pensava que a floresta, tão viçosa, alta e densa, era indicação de solo muito fértil. Como pode haver tanta vegetação, crescendo tão intensivamente, sobre solo praticamente desprovido de nutrientes? O segredo é a reciclagem perfeita. Nada se perde, tudo é reaproveitado.

A folha morta cai ao chão, é desmanchada por toda sorte de pequenos organismos, principalmente insetos, colêmbolos, centopeias, ácaros e moluscos, e depois é mineralizada por fungos e bactérias. As raízes capilares das grandes árvores chegam a sair do solo e penetrar na camada de folhas mortas para reabsorver os nutrientes minerais liberados. Poucas semanas depois de caídos, os nutrientes estão de volta ao topo, ajudando a fazer novas folhas, flores, frutos e sementes. A floresta natural não necessita de adubação. Dessa forma ela consegue

---

* Texto originalmente elaborado em 1990 para o boletim *A Garça*, da empresa então conhecida como Riocell. A varrição das folhas dos fícus elásticos a que Lutzenberger se refere neste texto foi suspensa, mas em anos posteriores, a maior parte das próprias árvores foi eliminada.

manter-se por séculos, milênios e milhões de anos. A situação não é diferente em nossos bosques subtropicais, nos campos, pastos ou banhados. A vida se mantém pela reciclagem. Assim deveríamos manter a situação em nossos jardins.

Um dos maiores desastres da atualidade, que está na base de muitos outros, é o fato de a maioria das pessoas estar, mesmo as que se dizem cultas e instruídas, totalmente desvinculadas espiritualmente da Natureza, alienadas do mundo vivo. As pessoas nascem e se criam entre massas de concreto, caminham ou rodam sobre asfalto, as aventuras que experimentam lhe são proporcionadas pela televisão. Já não sabem o que é sentir orvalho no pé descalço, admirar de perto a maravilhosa estrutura de uma espiga de capim, observar intensamente o trabalho incrível de uma aranha tecendo sua teia. Capim, aliás, só bem tosadinho no gramado, de preferência quimicamente adubado! Se não estiver tosado, é feio! Na casa, o desinsetizador mata até as simpáticas lagartixas, os gecos.

A situação não é melhor nas universidades. No departamento de biologia de uma importante universidade de Porto Alegre, encontra-se um pátio com meia dúzia de árvores raquíticas. Ali o solo é mantido sempre bem varrido, nu, completamente nu! As folhas secas são varridas e levadas ao lixo. A varrição não distingue sequer entre carteira de cigarro, plástico e folha seca, para eles tudo é lixo. Já protestei várias vezes. Os professores e biólogos nem tomam conhecimento. Pudera! Hoje muitos dos que se dizem biólogos mais merecem o nome de necrólogos, pois gostam mais de lidar com vida por eles matada do que dialogar com seres e sistemas vivos. Preferem animais em vidros com álcool ou formol, plantas comprimidas em herbários. São hoje raros os verdadeiros naturalistas, gente com reverência e amor pela Natureza, que com ela mantêm contato e interação intensiva.

Atrás do prédio em que estava a área florestal da Riocell, onde estou instalado com meus escritórios da *Tecnologia Convivial* e da *Vida Produtos Biológicos*, existe um barranco onde se desenvolvem lindas "seringueiras". Na realidade, não são seringueiras, são plantas da mesma família de nossas figueiras, mas são oriundas da Índia. Além de crescerem pelo menos dez vezes mais rápido que nossas figueiras, fazem belas raízes aéreas e tramas superficiais no solo. A alienação que predomina entre nós, em geral, faz com que tais árvores sejam demolidas tão logo atinjam tamanho interessante e aspecto realmente belo. Os fícus elásticos, que me refiro, criaram um lindo tapete de folhas secas. Esse tapete segura a umidade do solo, mantém o solo poroso e aberto para a penetração da água da chuva e evita a erosão, especialmente na parte mais íngreme do barranco, já bastante erodida, porque no passado as folhas ali eram sempre removidas. Esse tapete promove também o desenvolvimento da vegetação arbustiva e rasteira, que dá ainda mais vida ao solo e abrigo à fauna, como corruíras e tico-ticos, lagartixas e insetos. Da janela do meu escritório, alegro-me cada vez que posso observar essa beleza.

Houve quem insistisse para que varrêssemos, deixando o solo nu. Faço um apelo a todos que ainda não o fizeram: observem esse aspecto importante e construtivo da Natureza, aprendam a ver a beleza na grande integração do Mundo Vivo.

Não vamos varrer!

# EM DEFESA DO AGUAPÉ*

> *Purificando a água, o aguapé contribui para a sua reoxigenação. Ele faz gratuitamente este trabalho. É apenas lógico que alguns o considerem subversivo.*

Dupla surpresa me causou a leitura de um artigo de jornal, assinado por um professor de botânica. Surpresa agradável pela coragem que o professor demonstra ao denunciar a tecnobur(r)ocracia que é a desgraça deste sofrido País, desagradável na demonstração de pensamento reducionista. Não esperava uma afirmação tão ecologicamente absurda como esta: "o aguapé causa total desequilíbrio ecológico onde quer que apareça".

Já estou vendo os tecnocratas em campanha de erradicação do aguapé, aplicando herbicidas, provavelmente 2,4-D, nos corpos d'água. Aliás, pelas informações que tenho, isto já foi várias vezes feito em represas de São Paulo. Sei dos desastres ecológicos causados pelo combate ao aguapé no Sudão. Os resultados são os piores possíveis. O aguapé morto acaba indo ao fundo. Ali agrava os problemas da poluição. Sua decomposição consome ainda mais oxigênio do que já é consumido pela carga poluente. Longe de constituir desequilíbrio ecológico, a proliferação violenta do aguapé em água poluída tende, justamente, a eliminar a causa do dese-

---

* Texto redigido em junho de 1983.

quilíbrio. Purificando a água, ele contribui para a sua reoxigenação.

As altas cargas orgânicas provenientes dos esgotos domésticos aumentam o que os sanitaristas chamam DBO, ou seja, a demanda biológica de oxigênio. Trata-se do consumo de oxigênio requerido pelas bactérias que fazem a decomposição da matéria orgânica. Um DBO elevado acaba matando todos os organismos que precisam de oxigênio, desde o protozoário até o peixe. No estágio final de uma elevada poluição orgânica sobram apenas bactérias anaeróbias, bactérias que vivem em condições de ausência de oxigênio. Estas bactérias produzem substâncias tóxicas e gases malcheirosos.

Nos estágios secundários das estações de tratamento de esgotos, quando concebidas em esquema tecnocrático, o efluente costuma ser violentamente agitado, ou se faz injeção de ar para que surja o "lodo ativado" que está constituído de bactérias aeróbias, bactérias que só proliferam na presença de oxigênio, de algas e de protozoários. Estas instalações são extremamente caras e as potentes máquinas de agitação ou injeção de ar têm enorme consumo de energia. Ora, o aguapé faz gratuitamente este trabalho. É apenas lógico que alguns o considerem subversivo, assim como para outros são subversivas as bactérias que, num solo vivo, fixam gratuitamente o nitrogênio no ar. A tecnocracia prefere fixar este nitrogênio com imensos gastos de energia, em suas gigantescas usinas de síntese do amoníaco, para vendê-lo a preço de ouro ao agricultor, em vez de ensinar-lhe como manejar ecologicamente o solo e fazer as bactérias trabalharem para ele.

Voltando ao aguapé, ele propicia em suas raízes a proliferação de toda uma comunidade viva, constituída de bactérias aeróbias, algas, protozoários ou pequenos crustáceos e larvas de insetos ou moluscos, que fazem trabalho equivalente ao do lodo ativado das estações secundárias convencionais. Ele vai além, ele faz também o serviço das estações terciárias que, em geral, não são implantadas devido a seu alto custo. Além de absorver diretamente parte da matéria orgânica solúvel, o aguapé absorve os sais minerais resultantes da decomposição da matéria orgânica pela microvida que ele abriga.

Aqueles que consideram o aguapé como uma praga queixam-se de sua rápida proliferação. Mal sabem eles que em águas puras ele não tem vez, não consegue crescer, fica parado. Nos rios de águas claras e nos rios de águas negras do Amazonas o aguapé não prolifera como o faz nos rios da Flórida, Mississipi, Louisiana ou em nossos rios poluídos. No Amazonas ele só cresce com força nos rios barrentos, como o Solimões. Conheço banhados bem equilibrados onde ele mal sobrevive; noutros, bem poluídos, ele cobre tudo. Em minhas lagoas de purificação de esgotos, no verão, ele consegue crescer até oito por cento ao dia. Não há planta mais eficiente que o aguapé em aproveitamento de energia solar e nutrientes. Mas é nisso que está sua grande utilidade. Sua taxa de crescimento é indicação biológica do grau de poluição. Ele é um termômetro de poluição, ao mesmo tempo em que constitui magnífico instrumento para purificação de águas.

Se a proliferação do aguapé constitui problema, a solução não está na simples eliminação ou não introdução, está no manejo.

Pessoalmente, há mais de dez anos venho trabalhando com plantas aquáticas. O aguapé comum, a *Eichhornia crassipes*, é apenas uma entre dúzias de plantas extremamente interessantes. Aqui no Sul, em nosso clima subtropical, a *Eichhornia* não cresce no inverno, quando as temperaturas baixam de 20 graus. Para trabalho intensivo em lagoa de purificação pode-se usar outras espécies, nativas da região, como algumas *Hetheranthera*, *Hydrocotyles* ou *Enhydras*, ou mesmo *Pistias* e *Salvinias*. Para efeitos especiais, pode-se introduzir plantas menores, como *Lemnas*, *Spirodella* e mesmo *Wolffias*. Estas últimas são indicadores biológicos mais precisos que a *Eichhornia*. A presença ou ausência destas plantas aquáticas minúsculas em certas partes das lagoas me dizem mais sobre a qualidade da água do que muita análise. Os melhores resultados se obtém com consorciações, não com monoculturas de plantas aquáticas.

Por isso, onde posso, trabalho com banhados naturais. Em Pelotas, numa fábrica de óleo de soja, há quatro anos funciona um esquema de purificação do efluente em um pequeno banhado natural. Havia e continua havendo mais de 50 espécies de plantas aquáticas. Pouco a pouco, a comunidade vai se estratificando dentro do lago, ficando cada espécie naquela parte do lago em que a qualidade da água mais corresponde às suas exigências. O aspecto mais gratificante neste tipo de trabalho é ver como aumenta a fauna aquática: sapos, rãs, pererecas, cobras, peixes, aves e mamíferos. Iniciamos outro esquema, também em Pelotas, há pouco tempo: desta vez, trata-se de purificar os efluentes cloacais de todo um bairro, ainda em banhado natural.

É claro que uma purificação eficiente só se consegue em lagoas ou banhados bem dimensionados e manejados. Mas isso não quer dizer que seja desprezível o efeito benéfico do aguapé que prolifera livremente em rios e lagos poluídos. Também nesses casos o aguapé pode ser manejado para não chegar a ser "praga". O excesso deve ser colhido sistematicamente, para manter constante a área coberta. Também se pode mantê-lo afastado de pontos sensíveis, como turbinas, bastando fazer barreiras flutuantes. Nunca se deve deixar que prolifere a ponto de cobrir completamente um corpo d'água. Quando ele se aperta demais, parte da massa vegetal afunda e temos o efeito que mencionamos anteriormente.

E o que fazer com a biomassa colhida?

Num país com tantos solos exauridos, desestruturados, sem vida, sem húmus, erodidos, nada melhor do que este tipo de biomassa. Só a falta de imaginação limita seu uso.

O aguapé pode ser aplicado, simplesmente, como cobertura orgânica morta (mulching), em pomares, vinhedos, hortas, jardins e praças. Aliás, em São Paulo, por que não usar o "desfrute" do aguapé da Billings para recultivar algumas das grandes e feias chagas de terraplenagem especialmente ao longo das estradas, ou nos terrenos dos BNHs que hoje, não sei por qual perversão mental de seus planejadores e arquitetos, só se levantam depois que maquinaria pesada tiver transformado a terra em paisagem lunar.

A biomassa colhida permite também fazer um excelente composto, um dos melhores. O material se decompõe rapidamente, devido a seu alto conteúdo de água, e forma medas bem arejadas, que não precisam ser revolvidas até amadurecerem. O composto resultante é rico também em macro e micronutrientes.

Em floricultura descobri que aguapé seco e compactado, especialmente quando se trata das variedades gigantes da Salvínia, é excelente substrato para orquídeas.

Muito melhor que o xaxim – e o crime que hoje se comete com o xaxim é gritante.

Mas muitas das espécies aquáticas, entre elas a *Eichhornia*, a *Hetheranthera*, a *Enhydra*, são boa forragem. O caboclo na Amazônia, que vive em casas flutuantes nas margens dos rios, costuma colher *Eichhornia* para seus porcos. Muares também aceitam muito bem esta planta. A vaca gosta muito da *Enhydra*, mas só aceita a *Eichhornia* se for seca, picada e introduzida na ração. Mas o búfalo gosta do aguapé. O porco também gosta da *Hetheranthera*.

Na China faz-se um bom papel de *Eichhornia*. Sua celulose está livre de lignina. Uma fábrica de celulose de aguapé não teria o problema da poluição com a lixívia negra. Ao separar a celulose, sobra proteína, mais de 20% da massa seca. As fábricas de celulose deveriam investigar esta planta. Enquanto que numa monocultura de eucalipto, em condições propícias, a produção de biomassa dificilmente alcança 30 toneladas / hectare/ ano, a *Eichhornia*, em clima tropical e em água bem poluída, pode facilmente produzir entre 150 a 300 t/ha/ ano, em base de matéria seca, com mais uma vantagem: a primeira colheita no eucalipto se faz aos sete ou oito anos, na *Eichhornia* podemos começar a colher em dois ou três meses. A celulose seria subproduto da purificação de águas cloacais ou efluentes industriais, como os de laticínios, frigoríficos e alguns outros. Esta purificação por si só já justifica o custo das lagoas.

Há os que propõem utilizar o aguapé para retirar metais pesados de águas poluídas. De fato, o aguapé pode retirar metais da água. Mas este é outro enfoque reducionista, é varrer lixo para baixo do tapete. Os metais devem ser retidos na fonte, na própria fábrica. No caso do cromo, em curtumes, por exemplo, a reciclagem na fonte significa renda adicional. A instalação se paga em poucos meses. Se usarmos o aguapé para captar metais pesados, o que fazer com a biomassa colhida? Ela estará contaminada. Teremos de levá-la para um aterro "sanitário". Que absurdo!

Quem sabe, a atual crise nos faça repensar muita coisa. Por que não trabalhar com a Natureza, em vez de combatê-la sempre? Quanto emprego estaríamos criando. Quanto jovem biólogo, agrônomo, engenheiro, químico, teria trabalho fascinante pela frente. Que pena que estejamos fechando horizontes, quando o que precisamos é abri-los.

# COMO CONSTRUIR FOSSA SÉPTICA EFICIENTE*

> *Ao contrário do que acontece com os grandes sistemas centralizados, a regulamentação e fiscalização do tratamento individual e descentralizado é tão barata e simples que está ao alcance de qualquer comunidade, mesmo muito pequena.*

Nas áreas não atendidas por rede de esgoto cloacal, a fossa séptica é ainda o melhor sistema de tratamento de esgoto doméstico, desde que bem-feita e mantida. Acontece que, entre nós, as fossas são quase sempre malfeitas e quase nunca recebem cuidados e manutenção.

A finalidade da fossa séptica é decantar a matéria orgânica e propiciar um máximo de digestão antes de entregar o efluente ao sumidouro, à rede de esgotos pluviais ou ao corpo de água mais próximo. Por digestão se entende a decomposição anaeróbia, isto é, a decomposição que ocorre em condições de ausência de oxigênio. Nessas condições, um complexo de bactérias, entre elas as bactérias metanogênicas, ataca a matéria orgânica em todas as suas formas: proteínas, gorduras, amidos, açúcares e celuloses. Nesse processo, o gás metano é liberado e vai à atmosfera. Aparecem também outros gases, como o sulfídrico. Parte da matéria

---
* Texto redigido em janeiro de 1978.

orgânica é totalmente decomposta, sobrando somente sais minerais, e parte se solubiliza. Sobra também um resíduo sólido de material não decomposto.

O efluente de uma fossa que funciona corretamente é um líquido bastante rico em matéria orgânica, mas que perdeu pelo menos 80% da carga orgânica que tinha o esgoto cru. A fossa séptica, portanto, mesmo que não signifique solução completa para o problema do esgoto, constitui valiosa contribuição à despoluição dos corpos e cursos d'água. Do ponto de vista de solução sanitária para a comunidade, esse dispositivo oferece certas vantagens.

Os esquemas de redes de esgotos cloacais são sempre caros, a ponto de muitas vezes não estarem ao alcance das finanças das pequenas e mesmo grandes municipalidades. Sua instalação é demorada e molesta, pois significa romper quilômetros de pavimento de rua, com grave interferência no tráfego e outros inconvenientes. A rede de esgoto como tal também nada contribui para a purificação do esgoto. A não ser que haja estação de tratamento, o esgoto é entregue cru ao lago, arroio ou rio mais próximo, com todos os problemas de poluição que isso significa.

A fossa, entretanto, onde ela pode ser aplicada, é de custo reduzido. Diante do custo da casa e do terreno, seu preço é irrisório, com as vantagens de que cada um paga pelo seu próprio serviço e controla sua própria solução. À comunidade só cabe a respectiva regulamentação e fiscalização. Ao contrário do que acontece com os grandes sistemas centralizados, a regulamentação e fiscalização do tratamento individual e descentralizado é tão barata e simples que está ao alcance de qualquer comunidade, mesmo muito pequena. Ela promove também o sentido de responsabilidade na comunidade.

Antes de entrar em detalhes sobre como construir uma fossa, deve ficar claro que esse sistema naturalmente não se aplica nas áreas de urbanização muito densa, como são os quarteirões em que predominam casas sem jardins ou espigões. Mas ele é ideal nas zonas de menor densidade de construção e nos bairros onde predominam casas com jardim.

O problema fundamental da fossa é sua manutenção e limpeza. Entre nós, quase não se conhece esse trabalho. As fossas são construídas com a casa e, daí por diante, são esquecidas para sempre ou até surgirem problemas que não podem mais ser ignorados. Acontece então que, por melhor que seja a concepção da fossa e por melhor que funcione inicialmente, chega o momento em que a sedimentação alcança o nível do cano de saída. O esgoto entra cru em um extremo e sai cru no outro. Essa situação é muito comum em todas as nossas cidades. Até em bairros "finos" pode-se muitas vezes observar o esgoto que sai fresco na sarjeta. A fossa deixou de ser digestor anaeróbio para transformar-se em simples cano de passagem.

Convém mencionar uma complicação adicional. As fossas malfeitas, sobrecarregadas ou não, quando têm respirador ao nível do chão, se transformam em potentes criadouros de mosquitos. Como ninguém vê esses criadouros, todos clamam pelo tratamento com inseticidas nos banhados, mas uma só fossa pode produzir mais mosquitos que muitos banhados juntos. Em uma fossa bem dimensionada, no entanto, isso não acontece, a não ser que a dona de casa use bactericidas (desinfetantes) na patente. Essa prática deveria ser terminantemente proibida. Os bactericidas destroem, justamente, a microflora que decompõe a matéria orgânica na fossa, e acaba entupindo tudo.

Precisamos, portanto, evitar esses inconvenientes. Evitar a proliferação de mosquitos nas fossas é muito simples. Basta evitar os respiradouros ou aberturas que facilitam o acesso desses insetos. O respirador da fossa deve ser vertical e alto. Em um cano de vários metros de altura, mosquitos não entram. Para maior segurança, a extremidade pode estar coberta com tela de plástico ou metal. Para que o cano de saída não se transforme em respiradouro que facilita o acesso, ele deve ter um joelho em sua parte interna. A extremidade interna do cano estará sempre imersa.

Quanto à limpeza periódica, é claro que ninguém gosta de mexer em uma fossa em funcionamento. Seria desagradável e anti-higiênico. Mas há uma maneira de facilitar esse trabalho e de torná-lo perfeitamente inócuo. Convém alertar para um tipo de fossa popular que é oferecida pronta aos construtores, a fossa autocontida. São fossas, em geral, cilíndricas, de concreto, e que não podem ser abertas. Essas fossas nunca devem ser usadas, pois elas não permitem manutenção e em pouco tempo estão sobrecarregadas.

O que toda comunidade deve exigir naquelas áreas onde se trabalha com fossa é que sejam sempre instaladas fossas duplas paralelas. O trabalho será intermitente e alternado. Enquanto uma das duas fossas trabalha, a outra descansa. Se a capacidade foi bem calculada, cada fossa poderá trabalhar até um ano ou mais. Na entrada e na saída das fossas paralelas se faz um sistema simples de registro: uma caixa de alvenaria com uma entrada, a que vem da casa, e duas saídas, uma para cada fossa.

Com tijolos ou azulejos, pode-se fechar a entrada ou a saída da fossa que não está em funcionamento.

As fossas devem ser de fácil acesso para a limpeza. Por isso, não se deve colocar uma só e uma pesada lajota de concreto no topo, mas, de preferência, várias lajes menores, de talvez 0,5 por 1 metro. As lajes menores são de fácil manejo na hora da abertura. Para que não haja penetração de mosquitos pelas frestas, o topo deve ser coberto com terra, podendo até ser gramado. Caso houver gramado, esse é removido em forma de leiva quando se abre a fossa, e depois recolocado.

Quanto à configuração da própria fossa, o mais prático é que ela seja retangular. Para maior eficiência na digestão, recomendam-se pelo menos dois metros cúbicos por residência de cinco pessoas. Quando houver mais pessoas, como em um hotel, por exemplo, o volume deve ser proporcionalmente maior. Esse é outro aspecto que na prática quase nunca é levado em conta. Constroem-se, portanto, duas fossas paralelas de 2 metros cúbicos cada uma. Um quadrado de 2 por 2 metros acomoda o conjunto. A fundura deve ser de 1 metro. A parede que separa as fossas paralelas pode ser simples, mas ambas as caixas devem ser internamente rebocadas com massa de cimento impermeável.

Dentro da fossa, o material deve circular lentamente. Por isso se fazem paredes internas, de tal maneira que o líquido se veja obrigado a serpentear entre a entrada e a saída. As passagens de um compartimento ao outro ocorrem pelo fundo. Assim, o material que esteja flutuando não passa antes de se decompor e baixar. Quanto mais lentamente circular o líquido, melhor será a digestão, menos carga orgânica no efluente.

Quando não há possibilidade de entregar o efluente à rede de esgoto pluvial, a fossa é seguida de um sumidouro. Esse é de fácil construção. É uma caixa também de alvenaria, porém com os lados abertos: tijolo sobreposto em forma de grade. O efluente da fossa ali se infiltra no solo, que acaba fazendo a purificação final.*

Em áreas rurais ou em bairros que oferecem condições para tal, poderão ainda ser construídas lagoas de purificação botânica do efluente das fossas e do sumidouro, se houver. Esse é um sistema novo, baseado em conhecimentos muito antigos. Aproveita-se a capacidade que têm certos aguapés tropicais de retirar da água quantidades consideráveis de nutrientes minerais e mesmo matéria orgânica solúvel e em suspensão. A lagoa de purificação botânica entrega ao arroio ou ao rio uma água praticamente potável, ao mesmo tempo produzindo enormes quantidades de biomassa, que podem ser aproveitadas para diversos fins, inclusive como fonte de energia.

A proliferação de fossas bem-feitas é perfeitamente compatível com a instalação de estações de tratamento de esgoto, pois facilita seu funcionamento, entregando esgoto já pré-digerido.

A fossa é apenas uma das soluções parciais dentro dos novos enfoques que acabarão por triunfar na engenharia sanitária. No futuro teremos que procurar solucionar os problemas de poluição dentro de esquemas descentralizados, dando solução sempre o mais próximo possível da fonte poluidora.

---

* Mais uma razão para jamais colocar na patente qualquer tipo de substância contaminante: agrotóxicos, tintas, óleos etc. (N.A.)

# SANEAMENTO BÁSICO: UMA PROPOSTA*

> *Este tipo de purificação de esgotos permite atendimento eficiente e descentralizado. Seu baixo custo permite que as prefeituras de cidades pequenas possam, com meios próprios, resolver seus problemas sanitários.*

### 1. Estudo geológico, permeabilidade do solo

As lagoas serão lagoas rasas. O nível da água não passará de 20 a 30 centímetros. Os diques terão no máximo meio metro de altura e poderão ser feitos à mão, por taipeiros de arroz ou com máquina leve, e com os equipamentos simples hoje usados para fazer mecanicamente as taipas nas fazendas de arroz. As lagoas serão, portanto, construídas exatamente como se constrói uma lavoura de arroz. Os diques serão meandrantes, ajustando-se às curvas de nível. Entre os diques requeridos para a manutenção do nível da água poderão, em alguns casos, conforme a declividade do terreno e a largura das lagoas resultantes, aparecer diques adicionais, cuja finalidade será o manejo do fluxo.

---

* Extrato de trabalho redigido em 1984, em resposta a técnicos de departamento de águas e esgotos de uma capital brasileira, que solicitaram informações sobre projeto específico. As referências diretas a esse projeto foram omitidas, mas o trabalho é publicado aqui por ter caráter de orientação ampla e prática.

O desenho dos diques poderá ser feito no mapa, baseado no levantamento altimétrico, ou diretamente no solo, começando-se pela parte mais baixa e usando-se a própria água para desenhar os contornos dos diques sucessivos, até chegar à parte mais alta. Exatamente como se faz em boas lavouras de arroz.

Os contornos laterais das lagoas também serão meandrantes, isso levando em conta o paisagismo. Um dos alvos principais do projeto é o respeito à paisagem existente. O todo terá valor não somente funcional, mas também estético. Serão respeitados os capões e os outros complexos florísticos existentes e haverá caminhos que, em alguns casos, poderão estar em cima dos diques.

Quanto à permeabilidade e à natureza do terreno, basta olhar o corte do canal de retificação do arroio que hoje recebe o esgoto bruto e que passará a receber o esgoto biologicamente tratado. Solo e subsolo são argiloarenosos, ideais para o estabelecimento de açudes. Trata-se de uma formação sedimentar de várzea, típica desta bacia fluvial.

Entretanto, mesmo que o solo fosse arenoso e altamente permeável, isso não impediria a formação de lagoas. Lavouras de arroz se fazem tanto em solos argilosos como arenosos. Da mesma maneira, lagoas de purificação botânica de esgotos podem ser feitas em qualquer tipo de solo. Em terrenos muito permeáveis haveria, na fase inicial de maturação do sistema, uma situação em que não existiria efluente final. Uma vez que, no caso em questão, o esgoto é puramente doméstico, sem efluentes industriais (metais pesados, substâncias tóxicas), não há objeções ecológicas a uma filtração.

Colônias de Tubifex\*, que tivemos a oportunidade de constatar na entrada dos efluentes brutos atuais no leito do arroio, atestam a inocuidade biológica do esgoto. O solo, tanto arenoso como argiloso, caso este último ainda tivesse certa permeabilidade, seria também um leito de purificação biológica, através das comunidades bacterianas que ali se estabelecem. À medida que a lagoa amadurece biologicamente, ela se impermeabiliza de modo automático, pela formação de complexos húmicos e turfas.

Na região costeira do Rio Grande do Sul, especialmente na grande restinga que separa a Lagoa dos Patos do mar, pode-se observar muito bem a evolução das pequenas lagoas que se formam em solo de areia pura. Inicialmente são temporárias, devido às perdas pela infiltração, mas, à medida que elas se tornam mais eutróficas, tornam-se também sempre mais permanentes. Mas, como dissemos acima, para o local em questão essa é uma consideração teórica, pois lá o solo é rico em argilas de origem granítica.

Uma vez que os trabalhos de estabelecimento das lagoas de purificação por plantas aquáticas não ultrapassam a complexidade dos trabalhos de estabelecimento de uma lavoura de arroz, um levantamento geológico se torna tão desnecessário como nesta. Também, por consideração meramente teórica, gostaria de lembrar os maravilhosos esquemas de terraços escalonados que os povos asiáticos fazem quando suas lavouras de arroz se estendem a terrenos acidentados. Esses trabalhos são feitos sem

---

\* Verme aquático que prolifera em águas com alta carga orgânica e que rapidamente desaparece onde há poluição química. Lutzenberger encara certos organismos como indicadores mais eloquentes do que muita análise. (N.E.)

levantamento geológico, à mão, e em diálogo intensivo com o terreno. É o que propomos em nosso projeto, um diálogo intensivo com as condições locais de topografia, de solo, de complexos florísticos, de estética paisagística.

A alternativa proposta, uma lagoa anaeróbia, seguida de uma facultativa de capacidade igual, seria certamente muito mais cara e esteticamente indesejável, uma vez que a área em questão é também área verde e reserva ecológica. Sua maior profundidade, diques mais elevados e mais compactados, possivelmente com margens de concreto, seu desenho geométrico regular, exigiria terraplenagem intensiva e cara. Alguns dos complexos arbustivos e arbóreos mais interessantes teriam que ser demolidos, quando em nossa proposta eles seriam emoldurados pelos lagos.

## 2. A QUESTÃO DA PRODUÇÃO E DESTINO DA MASSA VERDE

As lagoas de purificação botânica de esgotos, como nós, por razões de simplicidade de nomenclatura, preferimos chamar de lagoas de purificação biológica com plantas aquáticas, podem ser de três tipos funcionalmente diferentes:

a) As lagoas de jacinto-de-água (*Eichhornia crassipes*), do tipo que foi popularizado nos Estados Unidos pela NASA e que estão sendo propostas por alguns investigadores e técnicos brasileiros. Nesse caso, temos lagoas rasas com uma planta aquática flutuante de excepcional capacidade fotossintética, de grande voracidade na absorção de nutrientes minerais e mesmo de substâncias orgânicas até macromoleculares. A produção de biomassa é, naturalmente, excepcional. Exige, portanto, colheita e manejo sistemático. São vários e muito interessantes os usos que se pode dar a essa biomassa. Como não pretendemos fazer esse tipo de lagoa, não vamos entrar aqui em detalhes quanto a esses usos.

b) Lagoas de purificação pelas raízes de plantas aquáticas. São lagoas igualmente rasas, de solo permeável e frouxo, às vezes leitos de gravetos. A purificação biológica se faz no âmbito das raízes das macrófitas. Esse tipo de lagoa está sendo proposto e começa a se popularizar na Alemanha. Elas foram inicialmente concebidas e pesquisadas pela professora Kaethe Seidel. Seu grande defensor, hoje, é o professor Kikuth, da Universidade de Kassel, em Witzenhausen. Nessas lagoas, pode ou não haver colheita de biomassa. Elas são ecologicamente muito interessantes e trabalham bem até nos invernos frios da Europa.

c) O terceiro tipo de lagoa imita diretamente a Natureza. Trabalha-se com banhados naturais ou se estabelecem complexos florísticos palustres que se assemelham a banhados naturais. Esses esquemas são funcional, ecológica e esteticamente mais interessantes. Eles não trabalham com monoculturas de plantas aquáticas. As comunidades florísticas são complexas, contendo tanto plantas fixas como flutuantes. À medida que elas amadurecem, surge certa estratificação na localização das diferentes espécies. Cada espécie tem exigências diferentes quanto à concentração de nutrientes, condição mais ou menos aeróbia ou anaeróbia da água ou do solo. Em sua fase de equilíbrio final, elas se constituem em belíssimos jardins aquáticos e grande atrativo para a fauna palustre.

Também nesse tipo de lagoa de purificação botânica pode ou não haver colheita de biomassa. Plantas flutuantes, como *Eichhornia*, *Pistia*, *Limnobium*, *Salvinia*, semiflutuantes, como *Hetheranthera* ou *Eichhornia azurea* e *Hydrocotyle*, ou fixas, como *Pontederia*, *Sagittaria*, *Echinodorus* e outras, ou mesmo plantas submersas, como *Utricularia*, *Ceratophyllum*, *Elodea* e outras – todas elas poderão ser colhidas ou não. Serão colhidas se houver interesse no aproveitamento da biomassa. Nada obriga a uma colheita de biomassa produzida, como não há colheita nos banhados naturais, além da fração de biomassa consumida por herbívoros aquáticos, quando os houver. Não havendo colheita, a matéria orgânica é parcialmente decomposta no fundo e forma complexos húmicos e turfa. Parte dos nutrientes minerais solúveis é fixada por quelatização no complexo húmico. A formação de turfa, naturalmente, significa uma elevação gradual do fundo. Mas esse processo é muito lento, leva séculos para chegar a meio palmo. Pode, portanto, ser ignorado em um esquema prático.

Para o caso em estudo, a nossa proposta prevê este último tipo de lagoa. Ele é fácil de instalar, barato e exige um mínimo de manutenção.

Existe no município gaúcho de Pelotas uma lagoa desse tipo, tratando os esgotos do bairro Fragata. Apesar de instalada sem nenhum cuidado especial (o Serviço Autônomo de Água e Esgoto nunca levou a cabo todas as nossas sugestões) e de não receber praticamente nenhum trabalho de manutenção durante os primeiros anos, e apesar de receber em sua parte final o chorume de um velho lixão abandonado, com filtração para dentro da lagoa, esse esquema funciona muito bem, sem problemas. A prefeitura de Pelotas pretende agora fazer um lago muito maior. Na mesma cidade, foi instalado, com assessoria nossa, na fábrica Ceval, antes Kasper (fabricação de óleo de soja), um esquema semelhante, que já vem funcionando há mais de seis anos, a total contento da fábrica e do Departamento de Meio Ambiente da Secretaria da Saúde.

Em Torres, no Parque da Guarita*, funciona ainda, apesar de estar praticamente esquecido pelos seus administradores, um laguinho, integrado ao paisagismo do Parque, que purifica o esgoto e a água de lavagem da cozinha do restaurante, sem problemas. Esse é um lago de plantas aquáticas flutuantes, predominantemente uma espécie gigante de Salvínia, nativa da região. Tem mais de oito anos de funcionamento. Os turistas que namoram sobre a pontezinha romântica que o atravessa nem se dão conta de sua função. Ele está precedido de uma bem dimensionada fossa séptica.

Este último lago, assim como o da fábrica Ceval, quase nunca tem efluente final. A evapotranspiração é maior ou igual ao fluxo de entrada. Só em épocas de muitas chuvas existe efluente final.

Na fábrica Samrig, em Esteio, existe uma instalação piloto do tipo (a) que também já funciona há quase três anos. Tanto nesse como nos outros esquemas mencionados, a diminuição de Demanda Biológica de Oxigênio (DBO) tem sido sempre superior a 90%. O laguinho da Samrig usa *Hetheranthera* em substituição à *Eichhornia crassipes*. Esta última é uma planta tropical que foi introduzida aqui no sul. Ela não trabalha bem em

---

* Entre outros trabalhos, Lutzenberger executou obras de paisagismo em vários parques e jardins, como empreiteiro ou como consultor. Desenvolveu estilo próprio. Seus parques surgem não de projeto abstratamente concebido na prancheta, mas novamente do diálogo com o terreno e com os complexos florísticos existentes, harmonizando preservação, ecologia e estética. Lamentavelmente, por desleixo, incompreensão e fatores políticos diversos, muitas dessas obras foram abandonadas ou demolidas. (N.E.)

temperaturas abaixo de 20°C e paralisa completamente abaixo de 10°C. A *Hetheranthera* é uma de nossas plantas aquáticas nativas da região; ela é subtropical, funciona bem até em temperaturas próximas de 0°C. A insistência na baronesa, jacinto-de-água ou *Eichhornia crassipes* se deve apenas ao instinto de imitação de muitos técnicos, que só se atêm à literatura e não conseguem dialogar com a Natureza que os circunda. Na instalação piloto que temos na Samrig, vem sendo observada há anos a diminuição de DBO, e são estudados os demais problemas que podem surgir.

### 3. Provável proliferação de mosquitos

Na fase inicial de maturação de uma lagoa, pode, efetivamente, haver proliferação de mosquitos durante os meses de verão, se não forem tomadas medidas de controle. O controle, entretanto, é muito fácil e pode ser feito com medidas não agressivas e substâncias não tóxicas. Esse controle faz parte dos trabalhos de acompanhamento da fase de maturação dos lagos.

À medida que o lago de purificação botânica amadurece e entra em sua fase de clímax, forma-se na parte inicial um cascão de lodo coberto de plantas palustres rasteiras. Essa capa evita a proliferação de mosquitos. As larvas só conseguem respirar onde a superfície for limpa. Mais adiante, onde a carga orgânica está mais estabilizada, instala-se uma outra forma de capa, esta verde, constituída por plantas flutuantes minúsculas, *Lemna* e *Spiridella*, que também evita a desova e respiração do mosquito. À medida que a carga orgânica se estabiliza, é absorvida e se mineraliza, diminui também a própria desova. A larva do mosquito só pode viver onde ela encontra alimento, bactérias de putrefação. Avançando desde o outro extremo e chegando até esse ponto, vêm os peixinhos que se alimentam de larvas de mosquito, os "barrigudinhos" ou Guaru-guaru, uma espécie vivípara (*Phalloptychus*) que, em épocas de enfoques mais ecológicos e menos tecnocráticos, eram usados pelos esquemas oficiais de combate à malária.

Assim como os esquemas convencionais, com seus estágios primários, secundários e terciários, necessitam de uma equipe de conservação e operação, é claro que também um esquema biológico como o acima exposto necessita de uma equipe permanente. Mas a equipe pode ser bem menor e o trabalho é bem mais interessante.

Espero que esse tipo de purificação de esgotos faça escola, especialmente em bairros de grandes cidades e em cidades pequenas, permitindo assim um atendimento eficiente e descentralizado no tratamento de esgotos, que hoje é quase inexistente no Brasil, e dando trabalho interessante e realizador a muitos jovens sanitaristas, biólogos, engenheiros e outros profissionais. O baixo custo desses esquemas permite que as prefeituras de cidades pequenas, hoje dependentes de verbas federais, possam com seus próprios meios resolver seus problemas sanitários.

# INUNDAÇÕES, SUAS CAUSAS E CONSEQUÊNCIAS*

> *Se hoje os estragos são imensos e os mortos se contam às centenas, não tardará o dia em que os flagelados e os mortos totalizarão milhões. Somos incapazes de aprender com nossos erros. As advertências sempre mais dramáticas da Natureza de nada valem.*

Durante as catastróficas inundações da segunda quinzena de março de 1974, quem observasse o mar, desde a barra do rio Mampituba ou do alto dos morros da praia de Torres, no Rio Grande do Sul, podia ver água vermelha como tijolo novo, mais vermelha do que a do rio Guaíba no inverno. Observada de perto, a transparência da água era zero, como a do café com leite. A praia, até onde se podia avistar, ao norte como ao sul, estava coberta de detritos: aguapés, ramos, troncos e cadáveres de reses, porcos e galinhas. Em toda parte, populares com suas carroças juntavam lenha, cortando e rachando troncos com o machado. Alguns, com a maior naturalidade, carneavam animais mortos, levando a carne e deixando as entranhas.

Se as atitudes dessa pobre gente atestam a miséria de sua existência, a repetição das calamidades generalizadas provocadas pelas enchentes confirma o que há

---

* Texto redigido em 1975.

tanto tempo já se podia prever. Se hoje os estragos são imensos e os mortos se contam às centenas, não tardará o dia em que os flagelados e os mortos totalizarão milhões. Somos incapazes de aprender com nossos erros. As advertências sempre mais dramáticas da Natureza de nada valem. Insistimos no consumo de nosso futuro.

Antes das interferências irracionais do homem, cada local tinha a cobertura vegetal que convinha às condições do lugar, pois essa cobertura era resultado da seleção natural implacável, agindo através das longas eras da história da evolução. A flora e a fauna, o solo com sua microfauna e microflora, estavam de tal maneira constituídos e estruturados que tinham condições de enfrentar, sem estragos importantes, todas as vicissitudes da região. Se assim não fosse, não teriam sobrevivido até a chegada do homem "civilizado". Nessas condições, a erosão física era praticamente inexistente. Os rios eram quase sempre cristalinos. Predominava a erosão química, a lenta dissolução dos minerais pelo processo chamado meteorização. Mas esse processo age em escala de tempo geológico, uma escala em que a unidade de tempo é o milhão de anos, a mesma escala de tempo da formação das montanhas. Não havia destruição, apenas evolução da paisagem.

Um bosque intacto é um perfeito regulador do movimento das águas. A folhagem das árvores e do sub-bosque, das ervas e samambaias, o próprio musgo e os detritos que cobrem o chão freiam a violência do impacto das gotas da chuva. No bosque são não há solo nu. A capa de restos vegetais em decomposição é um cosmos de vida variada e complexa. Ali vivem vermes, moluscos, escaravelhos e outros insetos, centopeias e miriápodes, aranhas e ácaros, pequenos batráquios e répteis e até alguns pequenos mamíferos. A complementar o contínuo trabalho de desmonte dos detritos orgânicos, temos os fungos e as bactérias que mineralizam completamente o material, devolvendo ao solo os elementos nutritivos que as plantas dele retiraram.

Fecha-se assim um dos importantes ciclos vitais do sistema de suporte da vida do planeta. Não há limite definido entre a capa de detritos e a superfície do solo. Os dois complexos se entremeiam, formando uma só esponja, com poros e galerias grandes e pequenas, rasas e profundas. Essa esponja tem enorme capacidade de absorção e armazenamento de água. Mesmo durante as mais violentas enxurradas e nas encostas mais íngremes, a água não escorre pela superfície. Ela é absorvida e segue subterraneamente até a vertente mais próxima ou vai juntar-se ao lençol freático, para reaparecer muitos quilômetros adiante. Quando desce pelo córrego, sempre puro, sua velocidade é freada no leito irregular de pedras, troncos e raízes, com degraus, rápidos e quedas, curvas e poros.

Um rio em região de floresta intacta, além de levar águas transparentes, apresenta flutuações suaves em sua vazão, raras vezes transborda e também nunca seca. O bosque absorve rapidamente a água da chuva, mas a entrega lenta e parceladamente. No outro extremo, no deserto, o leito do rio pode servir de estrada para automóvel durante a maior parte do tempo, mas, quando chove, transforma-se rapidamente em caudal de águas barrentas e arrasadoras. As piores inundações são as do deserto.

À medida que progride a desnudação das montanhas, das cabeceiras e margens dos rios, à medida que desapareçem os últimos banhados, outros grandes moderadores do ciclo hídrico, a paisagem mais e mais se aproxima da situação do deserto, os rios se tornam mais barrentos e mais irregulares. Onde havia um fluxo bastante regular, alternam-se então estiagens e inundações catastróficas. Somente uma inversão no processo de demolição das paisagens pode inverter a corrida para calamidades sempre maiores.

Já são poucos os bosques que sobram, e os que sobrevivem estão muitas vezes extremamente degradados. Na encosta da Serra, durante as grandes enxurradas que causaram as inundações, apareceram gigantescos deslizes até em áreas ainda florestadas, cobertas de floresta primária. Acontece que, em época de seca, as queimadas se alastram mesmo por dentro dos bosques pluviais de aparência sempre viçosa. Sem destruir as árvores adultas, o fogo destrói o sub-bosque e desnuda o solo, consumindo as folhas secas. O solo perde sua estrutura e a erosão começa a trabalhar em plena floresta. As imensas manchas de encosta agora destruídas levarão milhares de anos para recuperar-se.

A função do bosque como regulador não se limita ao trabalho de freio mecânico e amenizador do grande ciclo da água, engrenagem mestra do sistema de suporte de vida. O bosque e todos os demais ecossistemas, savanas, pampas, cerrados, cerradões, banhados ou caatinga, desertos, lagos ou oceanos, toda a grande variedade de sistemas naturais têm, cada um, sua função específica e orquestrada dentro dos grandes equilíbrios climáticos. É fácil compreender que o bosque tem outra refletividade para os raios solares, outra taxa de evaporação da água, oferece outra forma de resistência ao vento que o deserto, o lago, a savana. O equilíbrio global entre os efeitos parciais de todos esses sistemas está em interação recíproca e em interação com a atmosfera e a hidrosfera. Mas o homem está hoje alterando ou degradando cada um dos sistemas. É claro que acabará alterando o equilíbrio global. Não sabemos onde está o limiar de tolerância para esses abusos, mas sabemos que existe um limiar além do qual a coisa começará a desandar, e sabemos que as interferências humanas aproximam-se hoje das ordens de magnitude dos grandes equilíbrios planetários.

No dia em que uma parte significativa da hileia Amazônica deixar de existir, teremos, certamente, uma mudança fundamental no clima da Terra. Ninguém nos garante que essa mudança será para melhor.

As irregularidades climáticas que há vários anos atingem quase todo o mundo podem representar irregularidades esporádicas como as que sempre têm havido e que se repetem a cada três ou quatro décadas, mas é perfeitamente possível que já estejamos presenciando o começo da inevitável inversão climática global. O homem moderno desmonta e degrada sistematicamente a Ecosfera, isto é, a grande unidade funcional do caudal da Vida. Não somente estraga, uma a uma, as peças da engrenagem, mas ainda joga areia no mecanismo, dificultando seu funcionamento e preparando o colapso.

Esse é o significado da poluição. A sociedade industrial, com sua sede insaciável de energia, queima combustíveis fósseis em quantidade crescente tal que, hoje, o consumo anual corresponde à produção natural de mais de um milhão de anos. Com isso, não somente estamos esbanjando um capital irrecuperável, mas já estamos também afetando seriamente a própria natureza da atmosfera.

O gás carbônico do ar é um dos fatores mais importantes do equilíbrio térmico. Seu "efeito de estufa" consiste em permitir a penetração dos raios solares, ao mesmo tempo que dificulta a saída dos raios infravermelhos, que são os raios de calor. Sem os 0,03 por cento de $CO_2$, o clima da Terra seria mais frio e mais violento. Desde o começo da Revolução Industrial, já aumentamos em quase trinta por cento a concentração do gás carbônico na atmosfera, e até o ano 2000 teremos acrescentado pelo menos outros trinta por cento, não somente pela combustão dos combustíveis fósseis – petróleo, carvão, lignina, turfa e gás natural –, mas pelos próprios incêndios florestais. O que acontecerá? Se a consequência for um aumento de poucos graus na temperatura média planetária, desaparecerão as calotas polares e o nível dos oceanos poderá aumentar em até 70 metros. Porto Alegre, Buenos Aires, Nova York, Hamburgo, Hong Kong e muitas outras grandes cidades desaparecerão. Desaparecerão regiões inteiras. A Holanda desaparecerá, e na Amazônia surgirá um grande golfo.

Não sabemos se isso vai acontecer. É possível e provável que aconteça o contrário. Ao mesmo tempo que estamos aumentando a concentração do gás carbônico, estamos também agindo drasticamente sobre o fator que tem efeito contrário. A poluição da atmosfera com partículas sólidas e líquidas – pó, fumaça, aerossóis – está tornando a atmosfera menos transparente, ao mesmo tempo que as partículas de impurezas servem de núcleos de condensação para a formação de nuvens. Uma atmosfera menos transparente e com mais nuvens devolve ao espaço vazio maior proporção da energia solar. Isso contribui para um clima mais frio. Caso predominar esse último efeito, voltaremos à idade glacial. As últimas tendências meteorológicas parecem estar indicando isso, o que talvez explique a atual irregularidade do clima.

Está claro que a espécie humana não poderá continuar por muito tempo com a sua cegueira ambiental e com sua falta de escrúpulos na exploração da Natureza. Tudo tem seu preço. Quanto maior o abuso, maior será o preço. Devemos compreender que a Ecosfera é uma unidade funcional onde todas as peças são complementares de todas as demais. Não podemos causar danos apenas locais. Tudo está ligado com tudo.

Vejamos a verdadeira extensão dos estragos causados pela devastação florestal. O primeiro estrago está na perda da própria floresta nativa, um ecossistema insubstituível, extremamente complexo e belissimamente equilibrado. A floresta natural é uma comunidade animal e vegetal que levou milhares de anos para estabelecer-se e que é o resultado de milhões de anos de evolução orquestrada dessas espécies.

Segue-se a perda do solo. No terreno desnudado ou na floresta degradada pelo fogo, as enxurradas destroem em minutos ou horas o que a Natureza levou milhares de anos para fazer. Uma polegada de solo fértil pode levar até quinhentos anos para formar-se. Em muitos lugares, as enxurradas levam solo e subsolo, deixando aflorar a rocha nua. Até que ali esteja reconstituída nova capa de solo como a que se perdeu, nossa civilização já pertencerá a um passado remoto, tão remoto quanto são para nós os assírios e babilônios. Todo solo perdido – e a cada ano se perde no planeta uma superfície que corresponde a uma quinta parte do Rio Grande do Sul – significa uma diminuição na capacidade da Terra de produzir alimentos. À medida que explode a população, implode a capacidade de manutenção dessa população.

Quem vê a violência das águas de um rio como o Mampituba, um rio relativamente curto, durante as cheias, sabe que não há peixe que não seja arrastado. Alguns poucos talvez consigam refugiar-se nos restos de banhados ribeirinhos, quase sempre destruídos. O rio levará anos para recuperar-se – e isso se não houver outra cheia de maiores proporções. Mas o estrago vai além. Naquela cheia do Mampituba, o que terá acontecido com os milhões de toneladas de argila que coloriram o mar de vermelho? Quem, mais tarde, observar novamente o mar, com sua cor azul e transparência normal, não deveria deixar de preocupar-se com o destino de todo aquele lodo. No mar, esse lodo é um corpo estranho. Ele não pode sedimentar-se na água pouco profunda da beira da praia, porque ali a turbulência é muito grande. Assim, acaba por sedimentar-se nas partes mais profundas, causando então desastres em grande escala. Os organismos que vivem no fundo do mar estão adaptados à sedimentação normal, à chuva constante de detritos microscópicos, dos quais em boa parte até se alimentam, mas não estão adaptados ao sepultamento por espessas capas de lodo. Os sedimentos de inundações como aquela talvez tenham destruído alguns milhares de quilômetros quadrados de fauna bêntica. E essa fauna fixa do fundo faz parte de extensas cadeias alimentares, que podem estender-se por dezenas de milhares de quilômetros. Muita criatura não diretamente afetada pelo lodo morrerá semanas, meses ou anos depois.

Sabemos hoje que o oceano é, talvez, deserto em noventa por cento. Sua profundidade concentra-se principalmente nas plataformas continentais e em algumas costas com movimento ascensional de águas ricas em minerais. Justamente essas partes são as mais afetadas pelas agressões do homem.

Ninguém poderá calcular a verdadeira extensão dos estragos causados pelas inundações, tanto momentâneos como defasados no tempo e no espaço. Mas já não podemos nos espantar quando grandes oceanólogos afirmam sua convicção de que o oceano talvez já não tenha mais salvação. É preciso ter em mente que não é só pela poluição e pela pesca predatória que matamos os mares. Se destruirmos os oceanos, acabaremos destruindo a nós mesmos.

# LIXO: UMA PROPOSTA DE SOLUÇÃO*

> *Nossa intenção é desencadear um processo gradual para a solução do problema de resíduos sólidos, envolvendo prefeituras, público e indústrias, para tornar esta região um centro catalisador para soluções semelhantes, sempre localmente adequadas, acessíveis e práticas.*

Nota do Editor:

*O lixão de que trata este texto foi implantado em 1978, situando-se em área de banhado às margens do rio dos Sinos, que cruza várias cidades da região metropolitana de Porto Alegre, Rio Grande do Sul. Em abril de 1989, uma sentença judicial determinou a interdição do lixão, em cujas imediações existe um núcleo populacional, a Vila Kroeff, e um ponto de captação de água para abastecimento da vizinha cidade de São Leopoldo. A interdição foi corroborada pelo Instituto Brasileiro do Meio Ambiente (IBAMA), que apoiou sua decisão em vários dispositivos legais, especialmente aquele que considera banhados como área de preservação permanente. O prefeito de Novo Hamburgo, então recém-empossado, protestou contra a decisão, alegando não contar ainda com alternativas de solução. A União Protetora do Ambiente Natural (UPAN), com sede em São Leopoldo, que*

---

* Texto redigido em 1989.

*deu origem à ação legal, não aceitou as alegações da prefeitura, insistindo na interdição. Estava assim criado um impasse que gerou grande polêmica. Lutzenberger, a quem a prefeitura encomendou propostas de solução, concluiu o presente estudo em setembro de 1989, às vésperas de expirar o último prazo dado pela Justiça para interditar o depósito da Vila Kroeff. Este Plano de Ação foi aprovado, mas não para a área inicialmente prevista, de modo que não pôde ser integralmente executado. O depósito acabou transferido para o bairro Roselândia, divisa de Novo Hamburgo com o município de Viamão.*

*Embora o texto trate de questão específica, evidencia a abordagem técnica de Lutzenberger em relação à questão e contém pontos focais de interesse atual, motivo pelo qual consideramos relevante sua inclusão neste livro.*

Nossa intenção é desencadear, imediatamente, um processo gradual, sistêmico e sistemático, para a solução de toda a problemática de resíduos sólidos e líquidos da região de Novo Hamburgo, envolvendo prefeituras, público e indústrias, para tornar esta região um centro catalisador para soluções semelhantes, sempre localmente adequadas, acessíveis, práticas, ecologicamente compatíveis e socialmente desejáveis.

As alternativas de caminhos convencionais que se nos apresentam agora, diante da situação real existente no lixão de Novo Hamburgo e diante da sentença judicial que foi lavrada, são as seguintes:

❏ A prefeitura cessa, dia 30 de setembro [de 1989], a deposição de lixo fresco no lixão existente e inicia a deposição em outro local. Neste novo local será feita a deposição disciplinada e isolada, de acordo com os preceitos convencionais de "aterro sanitário".

Uma vez que, por razões econômicas e ecológicas, está fora de cogitação a remoção para outro destino, o velho local será isolado, lateralmente e na superfície. Será, então, devolvido a seu dono legal, que provavelmente passará a vendê-lo ou loteá-lo para a instalação de indústrias ou residências. Faturará imensos lucros pela "valorização" que o terreno teve, por ter deixado de ser banhado e encontrar-se, então, em cota superior à das enchentes historicamente mais elevadas.

A prefeitura, após o saneamento, poderá também optar pela desapropriação e fazer ali um parque. Provavelmente, o processo de desapropriação irá onerar a prefeitura com o preço atual de mercado, apesar de ela ter arcado com todos os custos diretos e indiretos da valorização do imóvel.

Continuarão socializados os custos ecológicos: a perda irreversível de um segmento de banhado de aproximadamente 13 hectares, a poluição orgânica com substâncias não perecíveis, poluição esta agora irreversível quanto à parte já ocorrida nos doze anos em que funcionou o lixão.

O antigo proprietário, de uma ou outra maneira, ver-se-á muito bem recompensado pela decisão, ilegal, que tomou anos atrás, de oferecer à administração municipal a possibilidade de resolver de maneira cômoda e sem preocupação ecológica o problema difícil com que se confrontava na procura de um destino final para o lixo.

Parte da indústria, que até aí depositava seus resíduos de maneira ainda mais caótica, lançando-os em qualquer precipício, beira de estrada ou arroio, teve aliviada a sua subdesenvolvida preocupação ambiental, passou a atirar tudo no lixão, entregando seus problemas à prefeitura.

Punida será, agora, a prefeitura, que terá de arcar com todos os custos de saneamento e com os custos mais elevados no novo aterro sanitário, assim como com os custos também mais elevados de transporte, por ser o novo local bem mais distante.

❑ Este caminho poderá desembocar, mais adiante, talvez chegue à meia dúzia de anos, na solução proposta pela Esinter*, que pretende instalar, para atendimento conjunto de cinco municipalidades contíguas da região de Novo Hamburgo, uma usina de separação parcial e de incineração. Esta usina está orçada em US$ 40.000.000. Isto significa um custo de US$ 80.000 por tonelada/dia, algo mais que o dobro que se costumava calcular para usina de compostagem ou incineração na Europa e Estados Unidos. Além do alto investimento, estas usinas costumam ter custos de operação da ordem de 10-20 dólares por tonelada**.

Aliás, o custo operacional de um aterro sanitário disciplinado e bem-feito, especialmente quando o material impermeável para isolamento e cobertura é trazido de longe, pode chegar perto ou ultrapassar este nível de custos. E raríssimos são os casos em que são levados em conta, muito menos quantificados ou computados, os custos ambientais da mina de onde é retirado o material. Mas o aterro significa investimento inicial bem menor – apenas o terreno e máquinas.

Como a usina proposta significa equipamento centralizado para cinco municípios, haverá também aumento

---
\* Esinter: Empresa de Serviços Intermunicipais, hoje extinta. (N.E.)
\*\* A usina de Brasília tem um custo de US$ 80/t – dados de 1992. (N.A.)

considerável no custo do transporte do lixo da origem até a usina. O caminho mais longo para os carros coletores diminuirá sua eficiência, o que exige investimento em frota maior.

A Esinter afirma que existe a possibilidade de ser a usina financiada a fundo perdido pelo Japão. É difícil acreditar! Qual o interesse deles?* Entretanto, caso se concretize, restam os altos custos de operação e a dependência diante do centro que forneceu a tecnologia. Caso não houver presente ou doação, estarão as cinco prefeituras altamente endividadas, com todos os inconvenientes que daí resultam.

Pretendem, aqueles que querem vender este projeto, com a incineração do lixo, produzir energia. Este seria o único fator positivo nesta solução. Efetivamente, a crise de energia só poderá agravar-se num futuro muito próximo.

Mas teríamos que aceitar séria perda para a sociedade e para o ambiente: grande parte dos materiais úteis, que em sistemas alternativos de tratamento de lixo seriam catados e reciclados, dando renda satisfatória a grande número de catadores autônomos, estaria irremediavelmente perdida. Isto também acontece em aterros sanitários disciplinados onde nada é reciclado.

Para a incineração devemos levar em conta dois graves perigos. As cinzas de lixo doméstico, ainda mais

---

* A edição da revista *Time* de 16 de março de 1992 dá uma pista sobre qual poderia ser o interesse deles. Recentemente, um consórcio baseado em Miami ofereceu-se para resolver todo o problema de lixo da cidade de Recife, providenciando desde caminhões coletadores até incineradores. O custo para a prefeitura? Nenhum. Apenas acompanharia o projeto uma refinaria gigante para processar 2,5 milhões de toneladas anuais de lixo industrial – acetonas, benzeno, metanol e organoclorados, enviados da Europa e da América do Norte... (N.E.)

quando este está misturado com resíduos sólidos ou lodos de origem industrial, contêm sempre elevado teor de metais pesados, entre eles o cádmio dos plásticos, o mercúrio de pilhas elétricas, o cromo VI dos artefatos e retalhos de couro. Costumam aparecer, também, chumbo, antimônio e até arsênico ou selênio. Esta cinza teria que ser levada a aterros muito especiais, jamais poderia ser usada na agricultura como adubo mineral.

Mesmo havendo o máximo cuidado na incineração, o que exige fornalhas bastante complexas de materiais muito especiais e operadores assaz competentes e responsáveis, 24 horas por dia, é inevitável que apareçam nos efluentes gasosos produtos da destilação de materiais sintéticos encontrados no lixo moderno. Os menos graves seriam ainda substâncias como ácido clorídrico, proveniente do PVC e outros. A incineração contribui também para o efeito estufa, pelo $CO_2$, e para as chuvas ácidas, pelos óxidos de enxofre e azoto. Mas os aterros contribuem com quantidade considerável de metano, que tem efeito estufa muitas vezes maior que o $CO_2$. Os lixões e aterros sanitários são hoje considerados, pelos climatólogos, problema tão grave quanto os carros e as fornalhas.

O grave mesmo, no entanto, são as dioxinas, que aparecem na queima dos organoclorados. Como é sabido, estes supervenenos constituem seriíssima ameaça à saúde humana, mesmo quando presentes em concentração muito abaixo de uma parte por bilhão. Para aqueles que querem se aprofundar na questão, sugiro que procurem informar-se dos problemas surgidos na Europa e Estados Unidos, por exemplo, no incinerador da cidade alemã de Hamburgo, que foi desativado por este motivo. Naquele caso, houve evidência circunstancial de ele ter causado muitos casos de deformações em fetos, semelhantes às das tristes vítimas de Minamata.

Nossa intenção é propor um *caminho alternativo*, pragmático, ecologicamente aceitável e socialmente desejável, em esquema de tecnologia branda (ou suave). Tecnologias brandas são tecnologias concebidas em função, exclusivamente, dos problemas e de reais necessidades humanas, em harmonia ecológica, ao contrário das tecnologias duras, que hoje predominam e que são concebidas em função dos interesses de poderosos.

Queremos propor um caminho que poderá ser trilhado de imediato e no qual cada passo significará melhora considerável diante da situação atual. Um caminho que levará, também, a uma maior conscientização da população e dos administradores públicos, podendo então, num futuro bastante próximo, dentro de um prazo bem menor que o da contratação, construção e entrada em operação de grandes usinas, desembocar numa situação que será bem mais que um mal menor – estará bem próxima de um ótimo alcançável.

O primeiro passo é parecido ao do primeiro passo convencional citado. Trata-se da parte mais cara, porém inevitável, do processo, vistos os graves erros do passado. É o isolamento e a cobertura do lixão, o que exige considerável trabalho de movimentação de terra.

A diferença está em que a barragem de isolamento do lixão, feita com argila impermeável e com altura suficiente para defender das cheias historicamente máximas, deixará em um lado, onde o fundo for mais baixo, espaço suficiente para uma pequena lagoa interna (200-300m$^2$), onde será recolhido o chorume ainda contido no lixão.

O isolamento da superfície, ou seja, a cobertura com argila e saibro, se restringirá, na primeira fase, apenas àquelas áreas, dos 13 hectares totais, que já têm a cota máxima, que será de 9m (foi o dado máximo que conseguimos do DNOS). Grande parte desta cobertura já foi feita, para permitir o acesso às margens do lixão. Basta limpar, reparar, impermeabilizar, ampliar até onde der, cobrir com saibro para evitar lodaçal em dia de chuva. A superfície terá que ser nivelada de maneira a disciplinar o escorrimento das águas das chuvas, que serão levadas para fora do lixão, diretamente ao corpo receptor.

Com o crescimento desta cobertura diminuirá, sistematicamente, a penetração de água da chuva no lixão. O nível do chorume dentro do lixão, que já é baixo, baixará ainda mais. Na lagoa de chorume teremos possibilidade de monitorar este nível.

Ao escrevermos esta proposta (16 de setembro de 1989), ainda não temos em mãos os resultados da análise do chorume colhidos na parte mais baixa do lixão, onde ele drena para o banhado. Esta análise, que determinará, além dos parâmetros costumeiros como DBO, DQO, $O^2$* etc., os metais pesados e as toxinas não biodegradáveis, está sendo feita nos laboratórios do Depto. Municipal de Águas e Esgotos (DMAE) em Porto Alegre. Dos resultados dependerá o tipo de tratamento que poderá ser dado ao chorume.

Caso as análises demonstrem que o chorume não apresenta problemas graves de metais pesados, de substâncias tóxicas não biodegradáveis, podemos fazer, fora da barragem de terra, um esquema de tratamento biológico com plantas aquáticas fixas e flutuantes, como

---

* Demanda Biológica de Oxigênio, Demanda Química de Oxigênio e Oxigênio. (N.E.)

o que fizemos para o DMAE no bairro Restinga, e para o SAAE de Pelotas, porém bem menor. Aquele tratamento está demonstrando ser muito mais eficiente que as convencionais lagoas anaeróbias e facultativas. Além de ser mais eficiente, ele atrai muita vida, vegetal e animal. Na Restinga fizemos, lado a lado, um sistema convencional e o nosso, alternativo. O alternativo, além de mais barato, harmonicamente enquadrado na paisagem, respeitando vegetação nativa arbustiva e arbórea, evitando terraplenagem, apenas com diques pequenos, como os que se fazem em lavouras de arroz, atrai agora grande número de aves palustres, que vêm alimentar-se dos insetos, batráquios, répteis, peixes e moluscos. Já temos garças, franguinhos-d'água, marrequinhas, mergulhões e quero-queros. Já apareceu, também, o altivo gavião-caramujeiro. À medida que o sistema amadurecer, a intensidade de vida aumentará.

Entretanto, este tipo de tratamento biológico só será necessário caso seja grande a quantidade de chorume que se acumular nas lagoas de captação. Se for pequena, será reciclado na compostagem, como veremos mais adiante.

Conforme mencionamos, a quantidade de chorume proveniente do antigo lixão diminuirá gradativamente até desaparecer, com a cobertura total do lixão. Devemos mencionar que o chorume que percola de lixões ou de medas de composto em períodos de muita chuva, caso não contenha substâncias contaminantes e perigosas, é muito menos agressivo a um corpo d'água receptor que um esgoto cru, como o que lançam nossas cidades. Isto porque a matéria orgânica já passou por várias fases sucessivas de decomposição e estabilização biológica. Um chorume bem preto, vertendo de lixão velho, como o de Novo Hamburgo, contém inclusive substância do complexo húmico, complexo de capital importância para a fertilidade do solo e a saúde e a resistência a pragas e agentes patógenos nas plantações. O rio dos Sinos (no vale do Sinos, RS) é agredido de maneira centenas de vezes mais violenta pelos esgotos domésticos e industriais, para cujo controle muito pouco está sendo feito.

Se o chorume contiver metais pesados (como mercúrio, cádmio, chumbo, antimônio), contiver arsênico, selênio, flúor e substâncias tóxicas não biodegradáveis, ele não será levado à lagoa de purificação botânica ou compostagem. Será mantido na lagoa de chorume e serão feitas mais análises, fazendo-se também experimentos de laboratório para determinar o método mais adequado para a floculação e precipitação das substâncias em suspensão, solução ou emulsão.

É de se supor que bastará acrescentar hidróxido de cálcio, eventualmente sulfato de alumínio ou algum dos polieletrólitos usados em estações de potabilização de água ou tratamentos de efluentes industriais. Poderemos esperar o tempo necessário, semanas ou meses, para uma precipitação total. Nova análise da água sobrenadante, já cristalina, dirá quando poderemos bombeá-la para fora. Após a retirada da água da lagoa do chorume, o lodo precipitado poderá ser coberto de argila e isolado. Com este processo, se executado meticulosamente, obteremos ao final um aterro realmente sanitário, sem água estagnada em seu interior.

Quando mencionamos anteriormente os metais pesados, omitimos o cromo. Deliberadamente. Uma vez que este lixão contém grandes quantidades de retalhos de couro, que se originam nos curtumes e fábricas de calçados e outros objetos de couro, é certo que ele contém grande quantidade de cromo. Mas é sabido que o cromo usado para fixar o colágeno no couro está na forma trivalente, trata-se de cromo III. Ao falarmos da cinza resultante da incineração, nos referimos ao cromo IV, o mesmo utilizado nas oficinas de cromagem ou galvanoplastia.

Quando se queima couro curtido a cromo III, se as temperaturas forem altas, haverá transformação do cromo III em cromo IV. Como no lixão o que temos é couro curtido a cromo III, o cromo do lixo é trivalente. Se alguns incêndios havidos no lixão, apesar das baixas temperaturas deste tipo de incêndio, produzirem algum cromo VI, este já terá tido tempo de voltar à forma de cromo III, pelo menos em grande parte.

Felizmente, é esta a situação. Não fosse assim, o grande número de curtumes sem reciclagem de cromo que poluem nossos rios e as muitas cromagens sem tratamento de efluentes já teriam causado calamidades indescritíveis. Na natureza, o cromo sempre volta à sua forma III e se precipita em forma insolúvel. Convém lembrar que o basalto, que constitui a Serra Geral em nosso Estado e que se originou do maior derrame eruptivo do planeta, pode conter até acima de 200 ppm de cromo. Este basalto dá origem a solos que estão entre os mais férteis do mundo. Nestas condições, o cromo é micronutriente para as plantas.

Concomitantemente com as medidas de saneamento do lixão velho já relatadas, poderão ser iniciados os trabalhos de disciplinamento e reciclagem, ou seja, serão iniciados os trabalhos de estabelecimento de um entreposto de resíduos industriais limpos, de um lado, e catação, reciclagem e compostagem, de outro.

Diante da polêmica havida, queremos deixar bem claro o que segue: em nenhum momento tivemos a intenção de desrespeitar o Poder Judiciário, o DMA ou o IBAMA. Nosso diálogo com estes importantes órgãos foi e continua sendo objetivo e cordial. Mas, partindo de enfoques ecológicos globais, holísticos e sistêmicos, olhando não somente o problema do lixo propriamente dito, mas encarando toda a problemática dos resíduos sólidos, efluentes líquidos e gasosos da região altamente industrializada, levando em conta também o que é pragmaticamente possível na situação atual, sem deixar de lado preocupações com nossa triste situação social, queremos contribuir para a correção dos males existentes e evitar males maiores. Fazer novo aterro em outro lugar ou partir para a pseudossolução das grandes usinas seriam males maiores.

Temos, neste momento, em Novo Hamburgo e no Estado, uma situação nova de conscientização ambiental e determinação para a ação. A Prefeitura de Novo Hamburgo, apesar de hesitações iniciais, devidas em grande parte a fatores estranhos a ela, inclusive, como mencionei em outro documento público, a minha incapacidade (por falta de tempo) em atendê-la de imediato quando me pediu ajuda, devidas também em parte ao tom injurioso surgido na polêmica, está agora realmente disposta a meter mãos à obra e arcar com os gastos necessários. Como ela, estão interessadas em soluções reais dúzias de outras prefeituras. Pessoalmente ou através da Fundação Gaia e de minha firma de consultoria e empreiteira, estamos em contato com mais de cinquenta prefeituras em nosso e em outros Estados. Estamos sendo consultados no exterior.

Temos hoje, portanto, uma constelação extremamente propícia para ação concreta, relevante e disseminada. Se trabalharmos de mãos dadas, órgãos oficiais de controle, administradores públicos, ecologistas, empresas consultoras e empreiteiras, faremos uma verdadeira revolução, condizente com o nível de conscientização ecológica, pioneira, já alcançada em nosso Estado.

Dentro desta visão, chegamos à conclusão de que o menor dos males será fazer o *Entreposto de Resíduos Sólidos Industriais Limpos* e a *Central de Catação, Reciclagem e Compostagem de Lixo Doméstico* em cima da plataforma *seca* do lixão *saneado*.

Não se trata em absoluto de querer acomodar supostas más intenções da Prefeitura de Novo Hamburgo ou de "trair" o movimento ecológico, muito menos desrespeitar a lei. O que se pretende, justamente, é curar progressivamente os males que confrontamos e que são resultado do desrespeito à lei no passado.

Se nos permitirem trabalhar na plataforma já parcialmente existente, poderemos fazer uma transição orgânica, gradativa e eficiente do sistema atual, caótico, para um sistema ordenado, disciplinado, limpo, ecologicamente aceitável e socialmente desejável.

O primeiro passo consistirá na separação total dos resíduos industriais e do lixo doméstico. Já agora, a maior parte dos resíduos industriais chegam limpos, sem mistura de impurezas e com lixo doméstico, entulhos, óleos queimados, galharia de poda, corte de capim etc. etc.

Tudo o que estiver limpo será depositado ordeira e separadamente – retalhos, rebarbas, serragens de couro, de borracha, plásticos, outras substâncias sintéticas, metais, madeiras.

Este tipo de material, quando não houver mercado imediato, poderá ser armazenado por tempo indeterminado ao ar livre, sem deteriorar-se e sem causar poluição. É dinheiro no banco. Fundamental é evitar que seja misturado com impurezas. Hoje, estes resíduos chegam ao lixão sem que haja a mínima preocupação neste sentido. Observamos alguns casos em que um caminhão chegava com uma carga completa de retalhos de couro limpos. Mas em cima da carga de couro estava atirado um tonel com óleo queimado, ou casos em que, junto com o material limpo, estava lixo doméstico. Por isso, um aspecto básico dos trabalhos iniciais consistirá em ir às origens da carga de resíduos industriais, falar com os industriais, conseguir que entreguem separadamente o que não deve ser misturado. Terão que ser alcançadas, também, as pequenas indústrias caseiras. Se for impossível visitá-las todas fisicamente, usaremos os meios de comunicação. Este trabalho permitirá um levantamento da quantidade e natureza destes resíduos.

Quando tivermos uma visão mais completa da situação dos resíduos industriais, poderão também ser instalados entrepostos mais próximos às indústrias. O sistema tornar-se-á mais descentralizado, mais manejável.

Já hoje a Esinter exporta resíduos de couro-tanino à Europa, recebendo-os diretamente das indústrias. Os couros curtidos a cromo ainda vão ao lixão, ou sofrem deposição ainda mais indisciplinada na paisagem geral. Mas existem usos para couro-cromo, para plásticos e borrachas. Alguns curtumes já vendem rebarbas de couro-cromo para a fabricação de couros reconstituídos. Está havendo, inclusive, um uso criminoso. Alguns curtumes têm vendido serragem e rebarba de couro--cromo a fábricas de ração. Mas existem métodos de separação de colágeno e do cromo. O colágeno poderá ser usado para fabricação de cola; o cromo, ser reciclado para curtumes. A Esinter já tem levantamento bastante preciso da situação dos resíduos industriais da região. Em reunião na prefeitura, já demonstrou interesse em participar na reciclagem destes resíduos. A Fundação de Ciência e Tecnologia (Cientec) tem a Bolsa de Resíduos, que também mostra um panorama bastante interessante, ampliável, da situação. À medida que surgirem novos mercados para os diferentes tipos de resíduos, os entrepostos tornar-se-ão cada vez menores, pois os materiais serão captados diretamente nas indústrias.

Os contatos com as indústrias permitirão, também, captar e monitorar resíduos que ocorrem em quantidades menores e são dispostos localmente, de maneira caótica. Entre eles predominam as cinzas das fornalhas. Se levarmos as cinzas, separadamente e sem mistura com outros materiais, à reciclagem do lixo doméstico, elas poderão ser incorporadas ao composto final. Cinza de material orgânico, não sintética, é o melhor adubo mineral.

Caso haja cinzas de fornalhas industriais, teremos que tomar cuidados muito especiais. É sabido que algumas indústrias queimam resíduos de couro. Quando isto acontece, como já vimos em outro momento ao nos referirmos aos dois estados de oxidação do cromo, surge cromo VI, altamente tóxico. Esta cinza terá que receber os cuidados que mencionamos no início deste documento, ao discutir a problemática das usinas de incineração do lixo.

Ao descobrirmos indústrias que queimam couro, elas devem ser advertidas para que suspendam esta prática que, aliás, está proibida pelo Departamento de Meio Ambiente (DMA). O mesmo se refere ao caso em que queimem outros resíduos, tais como borrachas, plásticos, baquelite etc., a menos que utilizem pirolisadores, cujo gás é queimado em combustão de altas temperaturas. Entretanto, a pirólise também produz cinzas ou carvões. Os cuidados com as cinzas e carvões terão que ser os mesmos já referidos, pois eles podem conter, além do cromo VI, cádmio e outros metais problemáticos.

Ao se levantar a questão das cinzas, ficaremos sabendo quem queima lenha de bosques nativos, os últimos resquícios que nos sobram. A informação deverá ser levada ao IBAMA para as necessárias medidas.

Quanto ao lixo doméstico, o primeiro problema a ser resolvido em Novo Hamburgo é a quase ausência de catadores no atual lixão. Isto se deve ao fato de eles terem sido mantidos afastados pelo atual administrador do lixão, que só permite catação a um muito reduzido número de pessoas que colaboram com ele. Mas este administrador entende de catação e conhece a situação de mercado e as estruturas do mercadeiro. O ideal seria aproveitá-lo na montagem de um esquema eficiente de catação. Ele tem condições de encontrar o número suficiente de catadores e, eventualmente, mantê-los dentro da disciplina exigida.

Fator fundamental para uma catação eficiente é o *catador autônomo*. Catadores assalariados, mesmo quando trabalham em esteiras especiais, não são eficientes. Este tipo de trabalho, sendo comumente considerado de baixo nível, é muito malpago – salário mínimo ou pouco mais – de maneira que a motivação para um trabalho atento e eficiente é mínima. Quando o supervisor vira as costas, o catador reduz a produtividade. Durante anos tentamos, no lixão da Olaria, que é o lixão sul de Porto Alegre, colaborar na instalação de um centro de reciclagem e compostagem de lixo doméstico. Chegamos a tratar 50 t/dia. Entretanto, a insistência da prefeitura em trabalhar só com catadores assalariados, repetidamente levou ao fracasso do esquema. O catador autônomo trabalha com afinco e insistência, muitas vezes não conhece domingo e feriado, produz e ganha bem.

Anos atrás, também em Porto Alegre, partindo de um enfoque equivocado, a prefeitura tentou tirar o catador autônomo dos grandes lixões. Era a época do lixão da Ilha do Pavão, uma das coisas mais absurdas que já se fez neste sentido, e que ainda causa problemas. Em 1988 pegou fogo, apesar de tapado (mal tapado) e já há quase dez anos desativado. A prefeitura trabalhou meses com máquinas pesadas e altos custos para apagar o fogo, que procedia subterraneamente e causava séria poluição aérea com a fumaça. Mencionamos este fato porque ele nos dá duas lições. Os catadores, que se pretendia afastar, negavam-se a aceitar empregos de operário em indústrias. Isto não porque fossem vadios, como diziam alguns, muito ao contrário, porque na catação autônoma ganhavam muito mais do que poderiam ganhar como empregados. Devemos acrescentar fator psicológico de capital importância: quem não gosta do sentimento de ser seu próprio patrão, mesmo em trabalho humilde?

Um lixão desativado – aquele da Ilha do Pavão era oficialmente chamado de "aterro sanitário" – necessita de cuidados permanentes por muitos anos. As experiências que se tem no Brasil e no mundo nos dão séria advertência. Num outro aterro sanitário, no norte de Porto Alegre, que, após desativado, foi liberado para a construção, houve até explosões em residências, por escape de biogás.

Ao sanearmos o velho lixão de Novo Hamburgo, teremos que ter cuidado máximo ao fazer as coberturas das laterais e da superfície. Terão que ser providenciados, também, os escapes para o biogás (metano), que emanará por muitos anos, pelo menos uma década. O aterro terá que ser observado, monitorado e, eventualmente, constantemente reparado. Nada melhor do que uma presença permanente em cima dele. Mais uma razão por que gostaríamos de fazer o entreposto de resíduos sólidos e a reciclagem e compostagem do lixo doméstico ali mesmo. Os trabalhos de transição orgânica e sistemática, em constante *feedback* (retroação) com a realidade existente e em evolução, vão nos permitir controle intensivo e constante.

Outra lição que nos deu a experiência da Olaria em Porto Alegre é a de que, quanto mais simples o esquema de catação, mais eficiente e barato ele será. Esta experiência está sendo repetida em inúmeras cidades. A mais dramática foi mostrada pouco tempo atrás na cidade paranaense de Maringá. Lá se pode ver uma usina cujo custo consegui estimar em duzentos a trezentos mil dólares. Ela é considerada alternativa. Só tem rampa para descarga do lixo, revolvedor e esteira para catação, com nichos e recipientes para os catadores. Tem, também, ao lado do canteiro de obras, em terreno terraplenado, onde deveria ter sido feita a compostagem, nichos para o armazenamento temporário dos diferentes materiais catados. Na entrada das instalações, um pequeno jardim convencional, com ostensiva placa de inauguração, com o nome do governador e prefeito e outros... Esta usina não trabalhou cinco dias! Está abandonada à ferrugem e ao vandalismo.

A lição mais importante aprendida nos vinte anos de observação do trabalho em lixões e usinas de reciclagem, no Brasil e no exterior, é de que a melhor maneira de catar – isto para nossas condições, com mão de obra disponível e disposta – é a que o catador autônomo sempre preferiu: a catação no chão. O que podemos fazer é disciplinar e otimizar esta catação. Podemos e devemos dar ao catador botas, luvas, trajes adequados e certos instrumentos de trabalho. Devemos dar-lhe também depósitos para armazenamento até o dia de venda dos materiais por ele separados. Devemos dar-lhe (o que quase nunca acontece, porque o catador é por muitos, em sua arrogante ignorância, considerado um ser inferior) condições sanitárias e de conforto, como chuveiros e lavabos, WCs descentes ou mesmo latrinas ordeiras, um galpão para descanso e preparação de refeições e de pernoite.

O catador não é um infra-humano! Seu trabalho é um trabalho nobre, um trabalho de extrema utilidade para esta sociedade de consumo esbanjadora, emporcalhadora, em que vivemos. Ele resgata pelo menos parte importante daquilo que, insensatamente, esbanjamos. Os aterros sanitários convencionais e as usinas incineradoras impedem, justamente, a reciclagem de matérias-primas importantes que, num futuro bem mais próximo do que suspeita a tecnocracia, virão a escassear.

Para facilitar e agilizar o trabalho de catação, terá que ser estudado e disciplinado um outro aspecto de suma importância: o mercadeiro do material catado. Normalmente, o catador não tem meios e nem tempo para vender seu produto ao consumidor final, a indústria. Ele vende a intermediários, os sucateiros, que às vezes vendem a outros intermediários, que vendem à indústria. Neste caminho, a margem da valorização pode ser de algumas centenas de por cento. O que o catador vende por 1, a indústria chega a comprar por 4.

Num empreendimento como o que teremos em Novo Hamburgo, com entre cem e duzentas toneladas diárias de lixo doméstico, teremos que achar meios de eliminar o intermediário. Poderá o catador ser ainda mais motivado, recebendo preço bem melhor, e sobrará margem para custear os trabalhos de operação do centro de reciclagem e compostagem. Eventualmente, a Esinter poderia ocupar-se deste trabalho e abandonar a ideia absurda da grande usina. Caso não queira, poderá surgir uma empresa que se ocupará deste mercadeiro, abarcando toda uma região, isto é, trabalhando também com os catadores nos centros de reciclagem nas municipalidades vizinhas.

Neste contexto há que levar em conta outro fator de extrema importância: a organização dos próprios catadores. Nos lixões comuns, como o da avenida Sertório, em Porto Alegre, quando deixados a si, os catadores, por não terem nenhum auxílio, enfrentam dificuldades para catar eficientemente. Parte do material reciclável é logo compactado por tratores pesados. Surge, então, feroz concorrência e, muitas vezes, brigas entre eles, o que reforça a má impressão que, às vezes, o administrador público tem deles. No próprio lixão da Sertório, o agrônomo Jacques Saldanha, a serviço da prefeitura, fez uma experiência muito interessante: conseguiu organizar os catadores de maneira a diminuir esta dificuldade. Infelizmente, esta experiência, apesar de auspiciosa, por desinteresse da administração municipal, não foi levada até o fim almejado. Esperamos que seja ressuscitada pela nova administração.

Por isso, quando recrutarmos os catadores, teremos que ajudá-los desde o início, para que se organizem. Pessoalmente, estou tendo experiência muito satisfatória com um grupo assim, que foi por minha firma organizado em microempresa. Pode-se, também, pensar em cooperativa. Entretanto, esta terá que se manter muito pequena, se não o associado passa a ter, de fato, um status semelhante ao do empregado e morre a motivação.

Deve haver contrato formal entre a operadora do Centro de Reciclagem e os catadores por ela organizados. Por dois motivos: sem este contrato, os catadores poderão, eventualmente, reclamar na Justiça do Trabalho, alegando vínculo empregatício; o outro motivo é a disciplina na catação. O contrato com os grupos organizados de catadores deve, em troca de concessão de catação e venda livre, exigir trabalho ordenado. O catador terá lugar certo para cada coisa, não poderá permitir, por exemplo, papel voando, e aqueles materiais e objetos que não lhe interessam deverão ser depositados em lugar certo. Mais uma vez, regozijo-me em poder dizer que em um pequeno centro de reciclagem em Guaíba, que logo será seguido de outros naquela região, a disciplina, ordem e boa vontade que estamos obtendo de nossos catadores (uma família de seis pessoas para aproximadamente 10 t/dia) são exemplares. Já recebemos a visita de dúzias de delegações de prefeituras e mesmo empresas, e todos ficam impressionados, apesar de ser o nosso lixo algo difícil, porque ainda contém coisas que ali não deveriam estar, pois não conseguimos ainda disciplina suficiente na origem do lixo, já que lidamos com muitas empreiteiras em constante rodízio.

Quanto à catação em si, ela terá que estar integrada aos trabalhos de compostagem da matéria orgânica do lixo doméstico.

A experiência tem nos mostrado que é possível fazer um excelente centro de catação, reciclagem e compostagem, utilizando nos primeiros meses apenas máquinas de que dispõe toda prefeitura: trator de esteira com lâmina ou patrola para o preparo do canteiro de trabalho; carregadeira para fazer e revolver leiras; eventualmente, retroescavadeira, para fazer alguma valeta ou cova de manejo de águas ou chorumes. Só em fase posterior, quando o primeiro composto estiver maduro, poderão ser feitas, em oficina de serralheiro local, uma ou várias peneiras rotativas para preparação do terriço. Um pouco antes pode tornar-se interessante a aquisição de uma enfardadeira (prensa) para latas, papéis, cartolinas e plásticos.

A experiência também nos mostrou algo que facilita consideravelmente a compostagem, contribuindo não somente a uma importante diminuição no montante de trabalho exigido (isto é, de horas de máquina e mão de obra e consumo de combustível), mas diminuindo também de maneira drástica o tamanho do canteiro de compostagem. Para Novo Hamburgo, a compostagem poderá ser feita em aproximadamente um hectare. Teremos à disposição cerca de treze hectares.

O lixo doméstico pode ser compostado com catação prévia muito rudimentar. A caçamba que traz o lixo, em vez de o largar todo num só monte, larga caminhando lentamente, deixando uma camada de um ou dois palmos para melhor acesso dos catadores. Nesta fase, eles catam somente material grosseiro e limpo. Serão *retirados* pneus, caixas e caixotes, tábuas, chapas de isopor etc. Serão *catados* apenas papéis, cartolinas, latas, garrafas, metais, plásticos *limpos*. Mesmo materiais úteis, porém sujos, como latas semicheias, outros recipientes com restos de comida, ossos, *permanecem*.

Após esta catação preliminar, a carregadeira empurra o lixo para uma meda, que pode ter altura de até mais de três metros (a altura que a máquina alcançar) e largura de até cinco metros. Uma vez que a meda conterá muito plástico, papéis soltos, latas e outros materiais não perecíveis, ela será bem arejada. Em seu centro ela se aquece rapidamente, porque entra logo em fermentação aeróbia. Os materiais não perecíveis não estorvam, ajudam na ventilação automática.

Um erro muito comum, como vimos em vários esquemas de compostagem no país e no exterior, é o de triturar o lixo antes da compostagem. Mesmo um lixo muito bem catado sempre contém cacos de vidro, pedaços de plástico, pilhas. O composto resultante está permeado de pequenos estilhaços de vidro, flocos de plástico e metais. Neste tipo de composto, a análise acusa metais pesados, especialmente o cádmio dos plásticos e o mercúrio e zinco das pilhas. Sua apresentação – com os estilhaços de vidro e flocos de plástico – faz com que tenha pouca aceitação, sendo então vendido a preço muito baixo.

A razão por que deixamos na leira materiais úteis, porém sujos, é simples. Uma lata de metal cheia de alimento, se catada neste estado e atirada no monte de latas, transforma este monte em foco incontrolável de moscas. Permanecendo na leira, o material orgânico transforma-se em composto (terriço preto) e sai na peneira, antes da catação final.

Problema de fácil solução nas leiras de composto é a mosca. Depois de constituída a meda, a fermentação aeróbia, com grande produção de calor, só se dá no centro. Na superfície, até cerca de um palmo de profundidade, a ventilação é excessiva, não se desenvolve calor. Aí desovam as moscas, eclodem os ovos e desenvolvem-se as larvas até eclosão das moscas adultas. Em nosso clima, este processo dura cerca de dez a onze dias. Por isso, neste intervalo, a meda será revolvida, uma ou duas vezes, com carregadeira. Os ovos e larvas morrem no calor da fermentação. A parte da leira que já estava quente, ao vir para a superfície, não mais atrai moscas, pois temos ali uma microflora hostil a ela. Quando, em esquema de compostagem, em períodos muito chuvosos, surgem chorumes, estes poderão ser captados em valas e covas especiais e levados às medas novas. O chorume da meda velha é repelente para mosca. Em esquemas pequenos de compostagem, com lixo puramente doméstico, podem-se praticar métodos ainda mais simples de controle da mosca. Trata-se do controle biológico, entre eles, galinhas, por exemplo, que devoram completamente as larvas das moscas. Com estes e outros métodos, a meda deixa de ser produtora de moscas, para ser armadilha de moscas.

Após os revolvimentos iniciais, no máximo dois, a meda só é empurrada para trás, para manter a altura inicial, pois o material encolhe logo e continua encolhendo até chegar a, no máximo, 30% de seu volume inicial. Deixa-se então maturar de quatro a seis meses. A matéria orgânica estará bem decomposta e bastante humificada.

Durante todo esse processo, os catadores poderão catar o que aparecer na superfície e que estiver limpo. Não estarão autorizados a abrir as medas e não há necessidade para tanto, não perderão nada.

Quando o material compostado tiver de quatro a seis meses, de preferência seis, será levado a uma peneira rotativa, parecida com as peneiras das britadeiras, porém muito mais leve. O resultado desta peneiração é um excelente terriço negro, bem humificado, de alto poder fertilizante em jardins, hortas e pomares. A malha da peneira deverá ser de 7 a 9mm. Assim, não mais aparecem cacos de vidro, seringas etc. Este tipo de terriço, quando o produzimos na compostagem da Olaria, tinha excelente aceitação. É uma grande pena que não tenha sido levado adiante aquele trabalho. Temos esperança de que possa ser reativado.

Uma propriedade muito importante, hoje esquecida, deste tipo de composto, é um efeito quase medicinal que tem na criação confinada de certos animais, como galinhas e porcos. Quando oferecido a estes animais, que normalmente se apresentam com diarreia ou praticam canibalismo, arrancando-se mutuamente as penas ou comendo os rabos, eles consomem pequenas quantidades de composto e rapidamente se restabelece um novo estado de saúde. A causa são os antibióticos, naturais e suaves, contidos no composto e produzidos pela microvida que faz a decomposição da matéria orgânica.

O que sobra da peneiração poderá, então, ser levado à catação final. Não fica uma tampinha de garrafa. Estas poderão até ser catadas com ímã.

Resta sempre um resíduo não catado e não compostado – entulhos, sapatos, tecidos sintéticos, cacos de louça, às vezes pedaços de madeira grossos demais para decompor-se completamente no processo de compostagem. Neste complexo, o que é orgânico de origem biológica, como a madeira, volta às medas iniciais, serve até de inoculante. O resto terá que ir ao aterro. Constitui, em geral, apenas entre dez e quinze por cento do volume inicial do lixo. Quanto à parte de resíduos orgânicos sintéticos deste complexo, esperamos ter, muito em breve, uma solução satisfatória.

Existem, há anos, em Porto Alegre e na região metropolitana, alguns pirolisadores bem simples, que permitem gaseificar este tipo de material para posterior combustão em alta temperatura. Estamos iniciando providências para a construção de um destes pirolisadores em canteiro de obra de minha responsabilidade, para experimentação. Se conseguirmos, em fase mais avançada dos trabalhos, partir para esta solução, teremos, então, uma reciclagem ótima do lixo, praticamente sem perdas e com pequena produção de energia.

Concomitantemente, com o desenrolar dos trabalhos do Centro de Reciclagem, poderia ser organizada uma *Central de Entulho*s. Hoje, em todas as nossas cidades, é totalmente indisciplinada a deposição final de entulhos e terras. Entulhos, terras e argilas ou saibros, provenientes de escavações, quase sempre misturados com lixos, são atirados em qualquer beira de estrada ou terreno baldio, ao mesmo tempo em que, quando alguém quer fazer aterro, compra saibro ou argila e mesmo areia, para cuja obtenção são abertos sempre novos e enormes buracos na paisagem ou dragados rios, haja vista o que fez o Governo gaúcho na Ilha do Pavão, para o novo posto de ICM.

Por que não montar um escritório com telefone, onde aqueles que dispõem deste tipo de material e aqueles que o procuram possam encontrar-se? Grande parte do material poderia viajar diretamente da escavação para o aterro, com economia para ambos e menor agressão ambiental. Só o que sobra poderia ser levado para um local especial, onde seria depositado até encontrar interessado, ou ser levado para uma deposição final, onde faria parte de um esquema de paisagismo.

Munique, na Alemanha, cidade que durante a última guerra estava com cerca de 80% de seus prédios destruídos pelos bombardeios, encontra-se numa planície totalmente plana. Hoje tem uma pequena paisagem de colinas, onde se encontra o Centro Olímpico. Estas colinas, muito belas e arborizadas, foram feitas com os entulhos dos escombros da guerra. Uma destas colinas ainda tem uma face aberta, para onde são levados todos os entulhos que não encontram interessados. Em vez de enfear beiras de ruas e estradas ou terrenos baldios, estes entulhos contribuem para uma paisagem sempre mais bela. Espero que possamos realmente desencadear, passo a passo e a longo prazo, um processo orgânico como o já delineado, que venha a abarcar toda a comunidade, administração e indústrias, para reverter o atual processo de degradação e desagregação progressiva.

Procurei escrever este documento em linguagem suficientemente precisa e informativa para que técnicos competentes e com imaginação possam, guiando-se por ele, desenvolver suas próprias receitas, não somente em Novo Hamburgo, como em toda a região e outras regiões. Receitas localmente adequadas, inclusive para detalhes e situações novas que surjam no decorrer do desenvolvimento dos trabalhos. Evitei jargão técnico porque queremos que seja lido também por leigos no assunto, por todos aqueles de cuja ajuda necessitamos: administração municipal, órgãos públicos de controle, pela Justiça, pelos ecologistas (que têm o mérito de ter desencadeado o processo de conscientização), pelo público interessado e pelos meios de comunicação.

Queremos que os trabalhos sejam acompanhados, passo a passo, com cobrança constante. Gostaríamos especialmente que militantes do movimento ecológico e estagiários de biologia e agronomia viessem a participar diretamente nos trabalhos, que viéssemos a ter muitas visitas de escolas e de cidadãos preocupados.

À medida que crescer a participação, gostaríamos de, em fase bem adiantada dos trabalhos, quando as pessoas começarem a entender o que é compostagem, através dos meios de comunicação e em demonstrações diretas, ensinar como se faz composto em casa. Todos aqueles que têm jardim poderiam fazê-lo, aliviando consideravelmente o trabalho das prefeituras. O público precisa saber da importância desta problemática na sociedade moderna, precisa colaborar na solução de seus próprios problemas.


Nota do Autor:

*Tenho sido muito atacado por promover soluções alternativas para o lixo, por pessoas que me acusam de estar interessado em vultosos contratos com prefeituras.*

*A realidade é bem diferente. No caso de Novo Hamburgo, foi acertado um contrato de consultoria entre a Prefeitura e a Fundação Gaia, por honorários mensais módicos. Atualmente correm às minhas expensas os gastos do pessoal que ali mantemos, gastos estes que são um múltiplo dos honorários da Fundação.*

*Hoje estão ali no Reciclão mais de cem pessoas que antes viviam na miséria total, reciclando 200 a 250 toneladas de lixo por dia, ganhando média de três salários mínimos, num trabalho autônomo, sem patrão, horário livre. Eles não trocam seu trabalho por emprego numa linha de montagem. Têm assegurado meio de vida decente. Ao mesmo tempo, a sociedade recupera matérias-primas preciosas, que nos lixões convencionais estariam perdidas para sempre.*

*A Fundação assessora os catadores, ajudando-os a se cooperativarem, e está conseguindo para os materiais por eles reciclados mercado direto na indústria, eliminando o sucateiro. Agora conseguimos também doação para ajudar a cooperativa a comprar seu próprio caminhão.*

# OU O BRASIL ACABA COM A SAÚVA, OU...?*

> *Ao observar pastos sãos e produtivos, quando estes são contíguos a pastos degradados, pode-se ver uma coisa incrível: a formiga respeita a cerca.*

    Talvez seja difícil determinar quem foi o autor da frase: "Ou o Brasil acaba com a saúva, ou a saúva acaba com o Brasil". Mas não é nada difícil dar-se conta de que se trata de uma afirmação equivocada.

    As formigas cortadeiras existem há milhões de anos e são raras as espécies vegetais que elas não saibam atacar. A saúva tanto corta folhas em árvores gigantes, deixa chover os pedaços, recolhe no chão, como corta arbustos, ervas e gramas. Já vi saúva cortando aguapé no banhado. Quando ela ataca, sabe ser tremendamente eficiente, sabe desfolhar um pomar inteiro em uma noite. Ela tem, também, uma fantástica capacidade de reprodução. Em cada revoada nupcial são fecundadas centenas ou milhares de jovens rainhas, cada uma capaz de fundar um novo povo. Para simplificar o trabalho, cada uma delas já leva, em sua cavidade bucal, material do bolor específico da espécie, para logo começar com a cultura. Além disso, uma colônia de formigas cortadeiras, uma vez estabelecida, a não ser que seja exterminada pelo

---

\* Texto de dezembro de 1986.

Homem, tem longevidade indefinida, pode enfraquecer, mas se recupera, não precisa morrer. Como em uma sociedade humana, morrem os indivíduos, mas não morre o povo. O que é mais, em nossas atuais paisagens, especialmente nas paisagens agrícolas e suburbanas, a saúva já não tem inimigos naturais. O tamanduá marcha para a extinção e os tatus não vão muito melhor.

Com tanto potencial demolidor, como se explica que a saúva já não acabou com o Brasil? Por que será que em um capão isolado, onde ninguém a combate e onde ela não tem inimigos naturais, a formiga não acaba demolindo o capão? Por que ela se limita a cortar seletivamente esta ou aquela árvore, arbusto ou erva, em determinados momentos, deixando-os em paz o resto do tempo?

Meu pequeno jardim, em pleno centro urbano de Porto Alegre, é uma selva, pequena demais para que se possa falar de equilíbrio ecológico em termos de ecossistema. Há mais de trinta anos observo a mesma colônia de saúva. Ela flutua em tamanho e força, já sobreviveu até a inundações. Está sempre presente. Entretanto, ela só me incomoda raras vezes, em condições especiais: ela gosta de cortar mudas novas, recém-transplantadas, ainda fracas e em luta por se estabelecer, ou ela corta brotação nova em plantas já estabelecidas. Isso acontece todos os anos em uma cicada que, aliás, está em situação precária, com falta de sol. Aprendi a proteger as plantas ameaçadas nesses momentos especiais. Por isso, não tenho a mínima intenção de acabar com a colônia. Gosto muito de observá-la. Como forma de vida fascinante, ciberneticamente sofisticada, me dá mais prazer do que incômodo.

Nas hortas orgânicas que assessoro, as formigas cortadeiras só constituem problema nos primeiros dois anos, enquanto ainda não conseguimos levar a microvida do solo à sua plenitude. A partir desse ponto, quando elas nos visitam, só fazem trabalho útil, eliminam plantas doentes e fracas. Atrevo-me a postular uma nova lei ecológica referente à saúva. Nova, porque não tenho informação de já ter sido postulada por outro, mas é uma lei que vale desde que existem formigas cortadeiras: "o incômodo com a saúva é inversamente proporcional ao nível de húmus no solo e à saúde das plantas".

Essa lei é bem evidente em pastos. Em pastos muito degradados, com solo compactado, esgotado e sem microvida, onde o capim já começa a dar lugar a ervas pioneiras, os formigueiros são fortes e numerosos, fazem grandes estragos. Se o pasto é forte e viçoso, o solo humoso e bem-estruturado, a saúva acaba desaparecendo. Observando pastagens que têm manejo racional, com pastos sãos e produtivos, quando esses são contíguos a pastos malmanejados e degradados, pode-se ver uma coisa incrível: a formiga respeita a cerca.

A atitude normal diante das cortadeiras, tanto da parte da maioria dos agricultores, como dos agrônomos, jardineiros e engenheiros florestais, é de reagir a toda constatação de presença da formiga com o imediato combate a ela. A visão que prevalece é a de *inimigo arbitrário*, diabólico, a ser erradicado, se possível, ou pelo menos combatido com todos os meios à disposição. Mas aqueles poucos que têm o hábito da observação atenta e intensiva da Natureza logo dão-se conta de que as formigas cortadeiras não são nada arbitrárias, discriminam muito entre as plantas que tocam e o momento em que as tocam.

Vejamos mais alguns exemplos.

Quando elas fazem suas lindas estradas – excelentes

obras de engenharia, com túneis e elevadas, mas sem as agressivas e absurdas terraplenagens características de nossos engenheiros humanos – é comum verificar-se que no fim de uma estrada está sendo cortada uma planta que também existe no início ou ao longo da estrada, sem que seja molestada. Será que a formiga gosta de trabalhar debalde? Recentemente, num grande bosque de eucalipto, segui uma dessas estradas, por uns setenta metros, até encontrar o arbusto que estava sendo cortado, uma tibouchina, da qual havia centenas de exemplares no bosque, muitos bem no início ou ao longo da estrada. O que distinguia a vítima das demais era o fato de a agressão da formiga não ser o primeiro desastre para ela. No dia anterior, uma motoniveladora, ao arrumar a estrada de manejo do bosque, com sua lâmina, cortara a metade do sistema radicular do arbusto. A planta tinha ainda aparência sã, mas, é claro, seu metabolismo tinha que estar alterado.

Em outro tipo de bosque comercial, nos plantios de acácia-negra para produção de tanino, já fiz observação igualmente significativa. Nesses bosques, como nos de eucalipto, a formiga só é problema por ocasião dos plantios, nas mudas recém-transplantadas, ainda fracas. Nas plantações de acácia, quando se trata de replantio, após queima da galharia do plantio anterior, verifica-se muita germinação de semente de acácia. Acontece, então, que entre as linhas de mudas novas, transplantadas, encontram-se muitas mudinhas do mesmo tamanho, porém fracas. Os operários sempre notam, os agrônomos e engenheiros florestais quase nunca veem: a saúva corta as mudinhas transplantadas, não toca as fracas. As fracas não sofreram a agressão do transplante, estão mais fortes. A formiga prefere as plantas enfraquecidas.

Em uma de nossas hortas, estávamos em plena colheita de repolho, um repolho são que nunca tivera praga. No canteiro havia repolho intacto, de pé, e havia, no chão, as folhas externas que se tira das cabeças colhidas. De fora da horta, de uns cinquenta metros de distância, vinha um carreiro de saúvas. Estavam trabalhando todo o canteiro. Não tocaram em nenhum dos repolhos intactos, mas levaram todas as folhas caídas, já meio murchas. Não foi necessário combater as formigas. Após cortar a última folha murcha, voltaram à macega de onde vieram.

Também já observei, quando o colono derruba capoeira para fazer coivara, como a saúva, às pressas, corta a folhagem de arbustos derrubados, já semimurchos, arbustos que antes da derrubada ela não tocava.

Muitas vezes, comendo laranja ou bergamota em pomar de cítrica, observei, pouco mais tarde, como as cascas caídas eram totalmente desmontadas e levadas pela cortadeira. Impressiona a rapidez com que encontra essas cascas. Impressiona mais ainda: por que não sobe às árvores e corta a casca das frutas no pé? Instrumento para isso não lhe falta. Assim como ela parece preferir plantas enfraquecidas, parece que ela também gosta de tecido vegetal que está morrendo. Será por isso que, em experimento de laboratório, a saúva se comporta de acordo com o clichê do *inimigo arbitrário*? Aquelas colônias de saúvas mantidas em cativeiro, detrás de paredes de vidro, isoladas do mundo exterior, só recebem material vegetal que está murchando. Claro que cortam tudo.

Está claro que a saúva não é *inimiga arbitrária* e não tem, nem pode ter, condições de acabar com o Brasil. Em seu próprio interesse de sobrevivência, não pode. Seria suicídio para ela. Por isso, a Natureza de tal maneira a programou que só pode cortar plantas enfraquecidas, doentes, desequilibradas, decrépitas. Assim sendo, ela tem futuro. Toda população, seja qual for a espécie, animal ou vegetal, por melhor que se encontre enquadrada no ecossistema, sempre produz indivíduos marginais. Eliminando esses, ela contribui para a melhora da espécie, tem função importante no grande processo da Evolução Orgânica. Ela jamais descambará para uma orgia total, mas sempre sobreviverá, a menos que a burrice humana lhe ponha término. Se ela tanto nos incomoda, em nossas lavouras e cultivos, é porque, com os métodos de produção que usamos, sabemos fazer tantas plantas desequilibradas.

A pesquisa que se costuma fazer com saúva limita-se, quase sempre, à procura de venenos para matar a saúva ou para matar o fungo que ela cultiva no composto feito com o material vegetal que corta. Alguns também procuram inimigos naturais ou agentes patogênicos para a própria formiga ou para o fungo. Mas não conheço – talvez seja ignorância minha – pesquisa que leve em conta as observações diretas como as acima relatadas. Essa teria que se concentrar mais nos métodos de cultivo e no metabolismo das plantas a serem protegidas.

Mas são raros os pesquisadores agrícolas modernos que, com a atitude do naturalista, gostem de observar a Natureza fora da estação experimental, além de seus canteirinhos de análise estatística, que dificilmente consideram mais do que dois fatores variáveis por vez, ou fora das quatro paredes do laboratório e dos tubos de ensaio, dos recipientes de reprodução meristemática ou das estufas de ambiente controlado. Alguns entre eles até consideram que a observação direta da Natureza não é científica. Uma vez, na Alemanha, participando de uma discussão entre a indústria agroquímica e agrobiologistas, a indústria argumentava que não eram científicas as observações por nós apresentadas. Retruquei que há uma ciência considerada das mais exatas, a Astronomia. Nessa só se observa, se mede, se compara, se raciocina. Não podemos mexer com o Sol, a Lua, as estrelas, não podemos trazê-los para estações experimentais ou prendê-los em laboratórios.

Se quisermos resolver os problemas das pragas, parasitas e enfermidades em nossos cultivos e criações, sem envenenar o Planeta e destruir nossos solos, teremos que partir para enfoques completamente novos.

# COLHEITAS E PRAGAS: A RESPOSTA ESTÁ NOS VENENOS?*

> *Agricultores e técnicos que raciocinam em termos holísticos não conseguem ver inimigo arbitrário no parasita, nem querem exterminá-lo. Um processo tão vetusto como é a evolução orgânica não pode produzir espécies erradas.*

A hipótese de trabalho, ou paradigma, para a prática da agricultura convencional, chamada moderna, olha os fatores que influenciam a produção, tais como solo, lavração e preparo do solo, adubação, pragas e controle de pragas, concorrência das ervas invasoras, seleção genética das variedades cultivadas etc., de maneira meramente analítica ou reducionista. Cada fator é encarado independentemente dos demais, como se ele se encontrasse sozinho em uma caixa ou gaveta fechada. Entre as gavetas não há praticamente ligações. O raciocínio é linear. Dentro de cada gaveta, com poucas ou nenhuma ramificação lateral, quando aparecem dificuldades, só se tratam sintomas.

Dentro dessa visão, na primeira gaveta, o solo é visto quase como se fosse um mero substrato mecânico, que apenas permite à planta ancorar-se para que o vento

---

* Texto original em língua inglesa, publicado na revista *The Ecologist* – Journal of the Post Industrial Age. Vol. 14, n. 2, 1984. Revisto e ampliado por Lutzenberger em 1997.

não a possa levar e que serve também como veículo para nutrientes minerais solúveis ou que facilmente entram em solução.

Quando a agronomia moderna analisa o solo para a determinação do tipo e quantidade de adubo a ser aplicado em um determinado plantio para a obtenção de uma produção máxima, a análise é feita com métodos que partem desse postulado. O fósforo, por exemplo, é determinado lixiviando-se, isto é, lavando a amostra de solo com um ácido suave e analisando o lixiviado. Isso porque se pressupõe que a planta só pode absorver o fósforo solúvel ou facilmente solubilizável. É comum, então, que a análise nos diga que um determinado solo é muito pobre em fósforo quando, na realidade, ele pode ser um solo até bastante rico em fósforo. Mas o fósforo está presente em forma insolúvel.

É claro que esse tipo de política é muito boa para aqueles que querem vender ao agricultor as formas caras de fosfatos solúveis, tais como o superfosfato simples ou triplo, ou mesmo os fosfatos complexos, quando, em uma agricultura sadia, com solos vivos, seriam suficientes os fosfatos naturais, em forma de rocha moída simplesmente.

Na segunda gaveta encontra-se a praga, todas aquelas criaturas que podem causar estragos a nossos cultivos. Elas são vistas como se fossem *inimigos arbitrários*, aparecem como por milagre e têm condições de causar estragos muito graves ou destruir completamente uma lavoura, sempre que nela se conseguem instalar.

Supõe-se que basta que esteja presente a espécie certa de pulgão, em uma plantação de batatas ou tomates, para que ela prolifere e continue seu trabalho nefasto até acabar com nossa colheita. O mesmo aconteceria com os fungos, nematoides, ácaros ou qualquer outro parasita. Nessa visão, as pragas são organismos fundamentalmente ruins. Sempre que possível devem ser "erradicadas". Se não conseguimos exterminá-las, temos que mantê-las afastadas de nossos cultivos. As aduanas de muitos países costumam confiscar e destruir frutas ou qualquer material vegetal ou animal encontrados na bagagem dos viajantes internacionais, pois poderiam estar introduzindo alguma nova praga.

Uma vez estabelecida a praga, supõe-se que a melhor maneira de combatê-la é com venenos. Foi desenvolvido, assim, todo um arsenal de biocidas fulminantes e persistentes, os agrotóxicos: inseticidas, acaricidas, nematicidas, fumigantes, fungicidas, bactericidas, até rodenticidas e molusquicidas e outros pesticidas.

A palavra "pesticida" expressa bem essa visão. Trata-se de matar "pestes". Mais recentemente, diante da crescente conscientização ecológica, a indústria química, que fatura somas fabulosas com a produção e venda de venenos, passou a não mais gostar do termo pesticida e a promover o eufemismo "defensivo". Já era comum também iludir o agricultor com a palavra "remédio". Por isso, no Brasil, os agrônomos conscientes propuseram um termo mais de acordo com a realidade: agrotóxico. Este termo está hoje ancorado por lei.

Os venenos são pulverizados sobre os plantios de maneira uniforme, de preferência de avião. Até aviõezinhos ultraleves já são às vezes usados para esse fim. Para facilitar o trabalho do agricultor, o fabricante de venenos prepara os chamados calendários de aplicação, entre nós também chamados de "pacotes tecnológicos". O agricultor só precisa seguir à risca as instruções, aplicar preventivamente o veneno no momento certo, sem ter que constatar se há ou não incidência de praga. Assim, ele estará acabando com todos os bichos indesejáveis. Em alguns cultivos, como o de maçãs, ele fará até trinta ou mais aplicações por temporada. A coisa não é muito diferente na parreira, no pêssego, no moranguinho e em hortaliças. Mesmo depois da colheita ainda se aplicam venenos. Quando entra no frigorífico, a maçã ainda é imersa em um banho de fungicida. Depois passa por um secador e recebe uma borrifada de cera, para que o veneno fique sobre a fruta.

O publicitário que faz o atraente cartaz para induzir as pessoas a comerem essas maçãs opera em gaveta à parte. Ele nem ouviu falar em toxicologia. Para quê? O cartaz mostra uma linda criança comendo a maçã, casca e tudo...

O inço ou erva invasora é visto em uma terceira gaveta. Os inços são considerados plantas que não deveriam existir. Eles competem com nossos cultivos, por água, fertilizante, espaço, e eles poderiam abrigar pragas. Enquanto não conseguirmos colocá-los na lista das plantas em vias de extinção, teremos que combatê-los. Mais uma vez, existem instrumentos maravilhosos, prontos para matá-los – os "mata-matos" ou herbicidas, potentes fitocidas, eficientes e fáceis de usar. Alguns deles matam tudo que é verde, outros, dependendo do modo de aplicação, são mais "seletivos", eles matam algumas espécies e permitem que outras, nossas plantas cultivadas, se recuperem de um choque inicial. Alguns são aplicados no solo nu para evitar que germinem as sementes das ervas nativas, outros matam as plantas por contato, ou matando apenas as partes da planta que tocam, ou penetrando na seiva e matando toda a planta. Os "desfolhantes" usados para destruir milhões de hectares de selva no Vietnã, e que também foram usados em algumas fazendas na Amazônia, são desse último tipo.

O alvo é manter nu o solo entre as fileiras e debaixo das plantas cultivadas. Houve uma época em que um campo de trigo, na Europa, era algo muito lindo de se ver – uma orgia de flores. Nunca esquecerei o púrpura das papoulas. Mais tarde os trigais se tornaram monótonos. Tudo o que florescia era eliminado com veneno, até as flores silvestres nas margens das lavouras e beiras de estradas. O voo irrequieto da borboleta tornou-se espetáculo deveras raro. Os ambientalistas tiveram que comprar terras para dar às ervas naturais – entre elas, todas as ervas medicinais – uma chance de sobrevivência. Felizmente, hoje, 1997, verifica-se uma inversão. Conforme constatei em minhas últimas viagens pela Europa, a crescente conscientização ecológica faz com que na Alemanha já quase não mais se aplique herbicidas nas margens das lavouras. As papoulas estão voltando.

Uma vez que, como vimos na gaveta um, a função do solo seria apenas ancorar as plantas e veicular nutrientes solúveis, não importa, realmente, se ele está habitado por seres vivos – por minhocas, artrópodes e outros animaizinhos, especialmente colêmbolas e protozoários ou por fungos, algas, bactérias. Portanto, não precisaríamos nos preocupar com os efeitos que os adubos solúveis e as enxurradas de venenos possam vir a ter sobre todo esse complexo de vida. Já que todos esses seres parecem mais incomodação que vantagem aparente, por que não matá-los todos de uma vez?

Também nunca esquecerei, quando ainda estava no negócio da agroquímica (sim, sou tecnocrata dissidente...), de uma vez em que veio a dar em minha mesa um folheto técnico, de nosso departamento de pesquisa, que recomendava – imaginem! – heptacloro para eliminar minhocas. De tal maneira foram doutrinados alguns agricultores que já me aconteceu de receber consultas sobre como eliminar "ecologicamente", sem venenos, minhocas em parreiras ou pomares... Lembro-me ainda de ter lido documentos técnicos de autoridades agrícolas alemãs que insistiam que o húmus era totalmente desnecessário na agricultura tropical, que bastavam os fertilizantes sintéticos. De fato, o ideal da agricultura moderna parece ser a hidroponia, isto é, cultivar as plantas em substratos inertes, banhados em solução de nutrientes solúveis. Muitas lavouras modernas com seus solos mortos vêm a ser quase isso.

Por isso, quando entregamos a um laboratório de análises agronômicas uma amostra de composto ou biofertilizante de biogás, eles nos fornecem uma simples análise NPK, isto é, uma análise meramente elementar, que só procura determinar os elementos nitrogênio, fósforo e potássio, raras vezes algo mais. Eles não procuram nem ver a extremamente complexa e ainda quase desconhecida bioquímica desses fertilizantes vivos, fertilizantes que alimentam a vida do solo.

Olhemos a próxima gaveta. Trata-se da gaveta que contém os fatores genéticos. Os geneticistas que fazem a seleção das novas variedades norteiam-se pelo critério da eficiência máxima, isto é, produção máxima por hectare. O que realmente conta é aquele quilo a mais na colheita. É claro que também levam em conta a estética. A maçã ou batata deve ter aspecto atrativo na estante do supermercado.

Ainda há a questão da seleção de variedades resistentes às pragas – aparentemente uma ligação dessa gaveta com a gaveta número dois. Mas a resistência ao ataque de parasitas é vista como apenas geneticamente inerente à variedade. Não se procura ver relação entre suscetibilidade da planta e o ambiente em que ela terá que viver, a não ser o ambiente de nossas lavouras modernas – solo morto, muita química.

É por isso que as gigantescas corporações do negócio dos agrotóxicos já compraram quase todas as companhias de produção de sementes. Elas querem monopolizar os bancos genéticos para controlar a seleção, de maneira a poder promover somente variedades que dão resposta máxima a seus insumos químicos. O ideal delas é um novo pacote: semente patenteada recoberta. Essa escapa completamente do controle do agricultor, que foi quem, no passado, por seleção consciente ou empiricamente inconsciente, criou a fantástica diversidade biológica dos cultivos nas tradicionais culturas camponesas. Querem obrigar o agricultor a não mais produzir semente própria, para que ele seja forçado a comprar, sempre de novo, semente peletizada, semente que vem recoberta de adubo químico, de fungicida, de inseticida, eventualmente outros "cidas" e – esta é a parte mais importante – um herbicida total para o qual a respectiva variedade da semente é resistente. Não mais resistência a pragas, resistência ao agrotóxico!

O paradigma contém mais algumas gavetas. Mas trata-se de gavetas que o especialista em assuntos agronômicos prefere não olhar. Vejamos a gaveta ecologia. Somente à medida que os ambientalistas fazem muito barulho, por causa dos passarinhos e peixes mortos, os fabricantes aceitarão levar em conta um efeito letal mais seletivo para seus venenos, para que matem só parasitas, sem lesar, aparentemente, a fauna silvestre. Sob pressão, a indústria falará de "combate integrado". Isso significa usar o veneno somente em caso de emergência, nunca preventivamente, como no caso do "calendário de aplicação", e aplicar somente no momento certo do ciclo vital do parasita, para minimizar a quantidade e o número de aplicações de venenos. Mas é claro que essa tática não é do interesse deles, diminui as vendas de modo que, na prática, não passa de propaganda ou truque para abrir mais mercado. Alguns anos atrás, os traficantes de veneno conseguiram convencer uma secretaria estadual de agricultura de que deveriam aplicar certos inseticidas sobre todas as lavouras de algodão, por avião ou helicóptero, após a colheita, sobre o restolho, para "erradicar" o bicudo. Foram necessárias algumas ações judiciais para evitar essa loucura. Mas a secretaria, pelo que me consta, já tinha comprado os venenos. Não houve perda de negócios para a indústria.

Podemos mencionar mais uma gaveta, a justiça social. Mas essa parece não interessar. Para que existem sociólogos e politólogos? Não se deve invadir seara alheia. O que interessa hoje é o *agribusiness*, pouco importa àqueles que o promovem o número crescente de agricultores obrigados a abandonar a terra. Essa é, em essência, se bem que apresentada de maneira bastante simplificada, para melhor compreensão, a visão reducionista dentro da qual é encarada a fitossanidade na agricultura, a agricultura dita "moderna".

Fato interessante na aplicação desse paradigma é que, à medida que o aplicamos, transformamos os campos agrícolas, de maneira a tornar realidade o que diz o paradigma. Na maioria de nossos campos agrícolas, o solo não passa de substrato mecânico sem vida e as pragas se comportam como se fossem *inimigos arbitrários*.

Mas uma minoria crescente de agricultores e técnicos em agricultura começa a ver as coisas desde uma perspectiva diferente. Eles raciocinam não em termos reducionistas, mas holísticos. Para eles tudo está ligado com tudo. Não conseguem ver inimigo arbitrário no parasita. Tampouco querem exterminá-lo. A simples ideia de que pudesse haver criaturas que merecem ser exterminadas os repugna. Como qualquer iniciante em biologia e ecologia sabe, um processo tão vetusto como é a Evolução Orgânica, mais de três e meio bilhões de anos, não pode produzir espécies erradas e que nem deveriam existir.

Se os parasitas realmente fossem como postula a indústria em seus bonitos folhetos e cartazes, graficamente perfeitos, e em seus agressivos anúncios de TV, já não haveria vida neste planeta. Não há espécie vegetal ou animal que não tenha seus parasitas, e eles existem há milhões de anos. Todos teriam tido tempo amplamente suficientes para exterminar seus hospedeiros – e se teriam acabado também. O grande processo vital da Evolução Orgânica teria entrado em colapso. *Se isso não aconteceu é porque o parasita não tem condições de prosperar sobre hospedeiro são.* Ele só prospera sobre o que está de alguma forma em situação marginal. Em um ecossistema intacto, toda população, seja qual for a espécie, sempre tem seus indivíduos doentes, fracos, feridos, desequilibrados. É em cima desses indivíduos que o parasita prospera, sem jamais exterminar toda a população da espécie hospedeira. Ele é um dos crivos do mecanismo de seleção natural, que tende a melhorar constantemente as espécies.

Os camponeses tradicionais, com sua sabedoria ancestral, sabiam que a praga só ataca as plantas que não estão bem equilibradas. Por isso, eles procuravam obter cultivos sãos, através de um manejo adequado do solo, o que incluía descanso da terra, compostagem de resíduos vegetais e animais, adubação verde, adubação foliar, cobertura morta, rotação de cultivos, plantas companheiras e muitas outras práticas. Os agricultores biológicos modernos, com os conhecimentos científicos de hoje, obtêm resultados muito melhores. Só raras vezes eles combatem diretamente as pragas. Então, eles têm à sua disposição uma série de defensivos naturais, não tóxicos, tais como: cinza, talcos de rochas, extratos herbais, caldos biológicos como soro de leite, chorume de biogás e outros inimigos naturais.

Um perito convencional, confrontado com uma laranjeira ou um pessegueiro atacados de cochonilha ou pulgão, ou por doença fúngica, olha a árvore e procura determinar qual a espécie do parasita. Então escolhe o veneno que considera mais adequado e mais barato para livrar a árvore de seus atacantes. Em geral, o raciocínio termina aí. Talvez ele se preocupe ainda com o tipo de traje e proteção que os aplicadores devem usar, porque tem havido muitas intoxicações e mortes.

Já o perito de visão ecológica olha também para baixo. Ele examina o solo. Pergunta ao agricultor qual a adubação que fez, quais os herbicidas que usou, se usou agrotóxicos no ano anterior. Com uma pá de corte, ele levantará uma fatia de solo. A estrutura ou falta de estrutura do solo, os organismos que nele constata ou deixa de constatar, tudo isso lhe diz muito sobre o porquê do ataque de praga.

Uma vez, observando ataque de pulgão em cítricas, com agrônomos convencionais, esses, irritados, me perguntavam: mas por que você vive perguntando sobre o programa de adubação, nós estamos falando de pulgão! Logo descobri que o agricultor havia aplicado grandes quantidades de esterco de galinha fresco. Aí estava a causa do ataque de pulgão. Mais adiante veremos por quê.

Na visão convencional da fitossanidade, um dos fatores mais indicados como propiciador do ataque de pragas é a monocultura. O argumento é simples: quando confrontado com imensas e maciças extensões de seu hospedeiro, o parasita, quer se trate de animal, fungo, bactéria ou vírus (e mesmo planta, como no caso da erva-de-passarinho, orobanche ou cúscuta), faz uma verdadeira festa, o que não seria possível se os indivíduos da planta hospedeira estivessem dispersos, intercalados com muitas outras espécies, como é o caso na floresta nativa.

Mas na natureza também ocorrem monoculturas, se bem que apenas em condições ambientais extremas. Em um lago que recebe excesso de nutrientes – esgotos ou adubos lixiviados das lavouras – ocorre uma situação chamada eutroficação: uma só espécie de alga predomina sobre as demais formas de vida vegetal, e seus predadores não mais conseguem mantê-la controlada. Enquanto ela dura, temos aí uma monocultura sã. As chamadas marés vermelhas são fenômenos dessa natureza. No Ártico, em ecossistemas de duna ou praia, em desertos e banhados, ocorrem muitas vezes monoculturas de uma só espécie vegetal. Em banhados de água salgada, por exemplo, podem-se observar monoculturas desta ou daquela espécie, elas se sucedem, mas quase não se misturam. Nunca observei proliferação séria de parasitas nessas monoculturas naturais. Quando algum parasita aparece, a incidência é limitada a alguns indivíduos marginais da população hospedeira.

Aqui no Rio Grande do Sul temos enormes monoculturas de eucalipto, algumas delas milhares de hectares em uma só peça. Praticamente não se conhecem pragas nesses plantios. O único parasita sério que conheço no eucalipto em nosso Estado é a erva-de-passarinho. Ela ataca variedades que gostam de solo bem drenado, mas se encontram plantadas em solo de nível freático alto. Esse é o caso dos grandes eucaliptos do Parque da Redenção, em Porto Alegre. Em árvores sadias, mesmo quando algum pássaro traz a semente da erva, ela germina, mas não consegue vingar. O problema com a formiga-cortadeira se limita às primeiras semanas, enquanto as mudas recém-transplantadas ainda estão fracas.

Também temos monoculturas igualmente grandes e extensas de acácia-negra. Nessas, a praga mais temida é o serrador, um lindo escaravelho com grandes antenas. A fêmea, à maneira de um castor, corta troncos e galhos de até uma polegada de diâmetro e faz a postura na parte destacada, morta, do galho. Pude observar que o ataque é seletivo. Partes de um plantio são atacadas, outras não. Parece haver correlação entre ataque e condição de solo. Em áreas de solo muito úmido ou em solos extremamente pobres e esgotados, o serrador ataca. Em solos ricos, argilosos, bem drenados, não vi ataque. Essa e outras observações contradizem frontalmente o paradigma convencional.

Portanto, a história deve ser mais complicada. Se é verdade que a grande monocultura é ecológica e socialmente indesejável, é também verdade que podemos obter monoculturas sãs, sem veneno. Parece que está envolvido um fator de palatabilidade. Às vezes, o parasita gosta do hospedeiro, consegue proliferar, outras vezes não. A imagem do parasita como inimigo arbitrário não se aplica.

Em mais de cinquenta anos de diálogo intensivo com a Natureza, fiz muitas observações desse tipo. Enquanto escrevo estas linhas, de minha janela, estou observando uma colônia de grandes lagartas cabeludas em um fícus. Elas passam o dia dormindo na base do tronco. À tardinha, em caravana, sobem para pastar. Mas elas só comem as folhas dos galhos internos, de folhas fracas por falta de sol, os galhos que a árvore acabaria perdendo mesmo sem esse ataque. Interessante é a preferência por certo tipo de folhagem em uma mesma árvore. Todos os anos são assim.

Há outro postulado da fitofarmacologia convencional que não pode estar sempre certo. Quando combatemos parasitas com veneno, digamos que estamos combatendo cochonilhas em laranjeiras com *parathion*, é comum aparecer logo depois ataque violento de ácaros. Torna-se então necessário recorrer a um acaricida. A explicação proposta é de que o *parathion*, como inseticida de amplo espectro, teria eliminado os inimigos naturais dos ácaros, que teriam então chance de proliferar livremente. É o velho postulado do inimigo arbitrário. Se não mantivermos sob controle as populações dos organismos parasitas, seja com veneno ou por predação natural, eles vão atacar. Até a *filosofia* do combate biológico muitas vezes é a mesma da guerra química...

Mas a proliferação de ácaros também pode ser desencadeada pelos carbamatos modernos, que são fungicidas e que certamente não matam seus inimigos naturais. Além disso, os fungicidas modernos muitas vezes parecem que promovem exatamente os fungos que deveriam eliminar. Em nossa região vitícola, quando foram abandonados os tradicionais e baratos tratamentos à base de cobre, cal e enxofre, em favor dos carbamatos caros, os viticultores logo se viram em uma situação em que, quanto mais pulverizavam, mais tinham que pulverizar, em alguns casos até trinta vezes por temporada. É como se o fungicida tornasse a parreira mais palatável para o fungo. Certamente vão surgir complicações bem piores com a entrada dos ainda mais caros e mais perigosos fungicidas sistêmicos.

Entre os agricultores orgânicos é conhecimento geral que o ataque de pragas tem a ver com o estado metabólico da planta. A suscetibilidade ao ataque do parasita, portanto, está primordialmente ligada à nutrição da planta. Outros fatores, como concorrência dos inços, interações positivas ou negativas de plantas companheiras (alelopatia), condições climáticas etc., também influem. As condições para a saúde da planta devem ser otimizadas para que o ataque da praga seja minimizado. Um manejo adequado do solo permite obter um cultivo livre de parasitas, mesmo que ele esteja rodeado de lavouras atacadas.

Para fins de demonstração, é fácil preparar duas plantas em maceta ou canteiro, de tal modo que uma, em solo equilibrado, se mantenha livre da praga, enquanto que a outra, na terra desequilibrada, seja atacada. Quando a praga ocorre, digamos pulgão em tomate, pode-se fazer tocar as folhas das duas plantas. O pulgão não vai da planta atacada para a outra. Mas se quisermos ver ataque na planta que até então estava sã, basta dar-lhe uma boa dose de adubo nitrogenado solúvel, especialmente se for adubo amoniacal.

Quais serão os processos metabólicos envolvidos?

É comum supor-se que a planta sã produz suas próprias defesas contra a praga, que ela absorveria da microvida do solo ou produziria ela mesma substâncias antagônicas aos parasitas, seus próprios pesticidas, por assim dizer, ou que ela teria meios mecânicos de defesa, cutículas mais duras ou pelos mais densos. Tudo isso deve influir. Mas parece que mais importante e de importância capital é um fator bem mais simples.

Francis Chaboussou, um pesquisador francês do INRA (Institut National de la Recherche Agronomique), escreveu um livro em que propõe a teoria da *Trofobiose*. Em sua expressão mais sucinta, essa teoria diz que o parasita morre de fome na planta sã! Um aparente paradoxo. Parece que os parasitas carecem do mecanismo enzimático que lhes permitiria decompor proteínas em seus aminoácidos constituintes. Esse é um passo indispensável quando um organismo se alimenta das proteínas de outro. As proteínas estranhas não podem ser diretamente aproveitadas, porque cada organismo tem suas proteínas específicas. Com os aminoácidos obtidos na proteólise, novas proteínas são sintetizadas. É como demolir uma casa para, com os tijolos, telhas, cabos e canos, fazer nova casa, porém diferente. Os parasitas seriam parasitas por causa desta deficiência: falta de enzimas para decompor proteínas. Assim, eles precisam encontrar abundância de aminoácidos e demais nutrientes na seiva – açúcares, sais minerais e nucleótidos. Estes últimos são as peças base, as letras, por assim dizer, do código genético.

De acordo com Chaboussou, os parasitas, quer se trate de insetos, ácaros, nematoides, protozoários, fungos, bactérias ou mesmo vírus, só podem proliferar em plantas com desequilíbrio metabólico que leve a níveis exagerados de nutrientes na seiva. Em uma planta sã, esses níveis são baixos. Proteossíntese e proteólise estão equilibradas. Logo que aparecem aminoácidos e os demais nutrientes, eles são absorvidos pela proteossíntese ou, quando a planta está em repouso, como é o caso da hibernação ou estivação, a planta cessa de produzir aminoácidos e nucleótidos, e também para de levantar nutrientes minerais. Em uma planta assim, o fungo ou o pulgão não tem vez, ele morre de fome ou seus sentidos lhe dizem que não adianta instalar-se nessa planta.

Mas como acontecem os níveis exagerados de nutrientes? Ou por inibição da proteossíntese, caso em que os nutrientes ficam sobrando, ou porque é exagerada a oferta. Também pode haver excesso quando a proteólise predomina sobre a proteossíntese. Esse é o caso das folhas velhas.

Para que ocorra congestão de aminoácidos, a inibição da proteossíntese pode ser mínima. A planta pode ainda estar crescendo vigorosamente e ter aspecto muito sadio. Vejamos uma metáfora. Imaginemos uma autopista com um fluxo de carros a 120 quilômetros por hora. Aparece um estrangulamento de três para duas vias. Dali para diante, o fluxo retorna a 120 quilômetros por hora, mas dali para trás surge um grande congestionamento.

Chaboussou mostra que muitos dos modernos agrotóxicos inibem a proteossíntese. A maioria deles é até certo ponto sistêmica, quer dizer, penetra na seiva da planta. Eles terão, portanto, algum efeito, positivo ou negativo. Como se trata de biocidas, é provável que predominem os efeitos negativos. Essa deve ser a razão porque, à medida que aumenta o uso dos agrotóxicos, aumenta a incidência e o número de pragas. Não se trataria só da eliminação dos predadores dos parasitas, mas de aumento de suscetibilidade das plantas cultivadas. Muitos dos casos em que pensamos que houve aparecimento de resistência da praga ao agrotóxico são na realidade casos de aumento de suscetibilidade da planta, especialmente no caso de doenças fúngicas. É por isso que Chaboussou deu à primeira edição de seu livro o título *As plantas que adoecem dos pesticidas*.

A taxa de proteossíntese depende, fundamentalmente, de uma nutrição equilibrada. Mas, da maneira como alimentamos nossos cultivos nas lavouras modernas, torna-se quase impossível encontrar plantas equilibradas. Aplicamos fertilizantes solúveis, em forma de sais concentrados, de acordo com fórmulas empíricas, baseadas em análises que muitas vezes não têm sentido. A aplicação é feita toda de uma vez, em geral no sulco, com a semente, raramente dividida em duas ou mais aplicações, sendo as posteriores de cobertura ou de aplicação foliar. Assim é impossível evitar que a planta absorva demais em um momento e passe fome mais adiante, quando a chuva lixiviou ou a química do solo fixou os elementos que estavam solúveis. Esse é quase sempre o caso do fósforo. A planta também receberá demais de um elemento enquanto sofrerá deficiência de outro. Nem precisamos aqui abordar a problemática dos antagonismos entre os diferentes nutrientes, que entram em jogo quando eles estão maciçamente disponíveis.

Mais sério é o problema dos micronutrientes. A proteossíntese parece ser muito sensível a deficiências em micronutrientes. Quando degradamos a estrutura do solo pela excessiva agressão mecânica, causamos erosão e perda de húmus, destruímos a vida do solo pela agressão química e eliminamos o alimento da microvida do solo, não mais aportando matéria orgânica, porque eliminamos a rotação de cultivos, compostagem, adubação verde. O que podemos esperar? Em um solo morto, a planta sempre encontra dificuldades para levantar micronutrientes.

Aqui convém mencionar um dos fatores mais importantes para a saúde das plantas. Um fator que a fitossanidade na agronomia moderna praticamente não leva em conta: a micorriza.

A maioria das plantas vive em simbiose com outros organismos no solo. A ponta da raiz capilar, a última extensão da raiz, já quase microscópica em diâmetro, exsuda uma substância gelatinosa, chamada mucigel, com a qual se recobre como se fosse uma luva. Nessa capa constituída de alimentos energéticos, açúcares e amidos, instalam-se bactérias especiais, muitas vezes específicas das respectivas plantas. Além disso, essa capa e o próprio tecido da raiz são atravessados por filamentos, os hífens do micélio de certos fungos, também quase sempre específicos. Esses filamentos se estendem até vários metros além da ponta da raiz e podem unir-se com o micélio que serve à planta vizinha da mesma espécie. Essa simbiose tripartite – planta, bactéria e fungo –, a que damos o nome micorriza, consegue retirar nutrientes minerais até da estrutura cristalina da rocha, isto é, de cacos de pedra e grãos de areia ou de concreções minerais. Mas a micorriza só funciona em solo vivo, rico em húmus. Não mais precisamos entrar em detalhe sobre como os métodos da agricultura moderna destroem a micorriza – em proveito da indústria química...

Outra simbiose importante é o rizóbio. As leguminosas albergam determinadas bactérias, em nódulos especiais que produzem em suas raízes, bactérias que fixam para nitrogênio do ar, fazendo gratuitamente, em temperatura de ambiente e em pressão atmosférica, o que a indústria química, no processo Haber-Bosch, só consegue fazer em altas temperaturas e tremendas pressões, com enorme custo de energia.

No verão de 1982, depois de mais de dez anos de ausência, visitei os vinhedos do Palatinado na Alemanha. Grandes manchas de parreiral estavam amarelas como enxofre. Tratava-se de uma deficiência chamada clorose, uma espécie de anemia da planta devido à dificuldade em absorver ferro. Mas não falta ferro no solo. A dificuldade provém dos modernos métodos agrícolas. Os vinhedos estavam altamente mecanizados, os solos compactados pelo peso das máquinas. Doses elevadas de adubos solúveis e as enxurradas de venenos acabaram com a vida do solo. A indústria química, causadora desse problema, veio logo oferecer uma nova "solução", aplicação foliar de um quelato de ferro. Assim, em vez de penitenciar-se de seus erros, ela consegue fazer ainda mais negócios.

Quanto ao aumento na produção de aminoácidos na planta, basta olhar as pesadas aplicações de adubos nitrogenados solúveis, especialmente os derivados do amoníaco – sulfato de amônio, ureia, nitrato de amônio e outros. O efeito é o mesmo quando o amoníaco é de origem orgânica. A aplicação de esterco fresco de galinha é causa quase imediata de ataque de pragas. O alto conteúdo de nitrogênio está em forma de ácido úrico, que logo libera amoníaco no solo.

A teoria de Chaboussou também explica porque em uma mesma planta às vezes apenas algumas folhas, em geral as mais velhas, são atacadas e outras não. Em uma planta de abóbora ou pepino é comum ver o forte ataque de míldio nas folhas velhas, enquanto que o resto da planta está limpo. Essas são as folhas que estão sendo drenadas de seus nutrientes para serem levados às folhas novas. Nelas a proteólise predomina sobre a proteossíntese.

Naturalmente, a coisa é mais complexa, não estão em jogo apenas os aminoácidos, mas, como já vimos acima, também os açúcares, que são os repositórios de energia da célula, sem a qual a proteossíntese não pode funcionar. O mesmo se aplica aos nutrientes minerais. A proteossíntese funciona quando todos os ingredientes necessários estiverem presentes. Quando houver estrangulamento de qualquer um deles, ela se inibe. Isso causa congestionamento dos demais na seiva, a seiva se torna mais nutritiva para o parasita. Por isso, a praga só vinga em planta desequilibrada.

A teoria de Chaboussou tem a grande vantagem de ser facilmente verificável ou refutável a campo e em laboratório. Por que ela continua ignorada?

Para mim, além do diálogo direto com a natureza, a maior prova de que a teoria da Trofobiose deve ter amplo fundo de verdade é o fato de que a indústria química se recusa solenemente a dela tomar conhecimento. Há mais de dez anos alertei os departamentos de pesquisas de duas grandes transnacionais dos agrotóxicos – só respondiam que não "tiveram tempo" de ler o livro de Chaboussou... Para eles, nada seria mais fácil do que refutá-lo, se for possível. Em correspondência recente, de um ano para cá, com o IVA, que é o *lobby* dos agrotóxicos e adubos químicos na Alemanha, não consigo que me respondam perguntas concretas quanto à posição deles diante dos ensinamentos de Chaboussou.

Se a teoria da Trofobiose é correta, e tudo parece indicar que é, então nos encontramos diante de uma importante revolução na agronomia, uma revolução que me parece tão importante quanto foi a revolução desencadeada por Liebig no século passado. Devemos fazer o possível para que esta não seja deturpada como foi aquela!

Felizmente, temos hoje uma constelação diferente.

### Notas de Lutzenberger na revisão:

- Em seu livro *An Agricultural Testament* (Oxford University Press/First edition, 1940), Sir Albert Howard Geoffrey Cumberlege já relata como – 50 anos atrás – a prática agrícola demonstrava o absurdo do paradigma fitossanitário da época, que já era o atual. De grande interesse, interesse *atual* nesse livro, são os capítulos sobre a saúde dos cultivos, especialmente a relação enfermidade ou praga e húmus, a micorriza e o manejo do solo. De grande atualidade, também, é o capítulo sobre o esquema de pesquisa da época. Parece que estão falando da EMBRAPA de hoje.

- Interessante, esse e outros livros estão nas bibliotecas das escolas de agronomia – mas os "cientistas" atuais acham poder desprezá-los.

- Em 1979, foi publicada uma nova edição da tradução do alemão desse livro: *Mein landwirtschaftliches Testamen*t. Sir Albert Howard. Edition Siebeneicher Volkswirtschaftlicher Verlag – München.

- Quem sabe, alguns agrônomos jovens, outros jovens de espírito, conseguirão achar tempo para debruçar-se sobre esse livro e, lendo-o com atenção, aprenderão também o diálogo direto com a Natureza e com a sabedoria dos antigos.

- A edição em português do livro de Francis Chaboussou, *Plantas doentes pelo uso de agrotóxicos* (A teoria da Trofobiose), foi publicada pela editora L&PM.

# PRINCÍPIOS BÁSICOS DA AGRICULTURA ECOLÓGICA*

> *Quem compreender os princípios básicos e souber dialogar com a Natureza, saberá fazer agricultura ecológica em qualquer parte e saberá desenvolver suas receitas específicas.*

Quando me perguntam como fazer agricultura ecológica (mais indicado me parece o termo agricultura regenerativa), os interessados quase sempre esperam obter receitas específicas, com detalhes concretos. Mas isso é impossível, pois os métodos específicos, em cada caso, dependem de muitos fatores: clima, solo, precipitação, ecossistemas naturais, estrutura fundiária, situação de mercado e produtos desejados.

Mas a agricultura ecológica se rege por princípios básicos que são sempre os mesmos. Quem compreender esses princípios e souber dialogar com a Natureza dentro deles, saberá fazer agricultura ecológica em qualquer parte e saberá desenvolver, para cada caso, as suas receitas específicas. Dependendo dos alvos que perseguem e dos métodos de que dispõem, dois agricultores ecológicos, no mesmo lugar e sob condições idênticas, poderão, por isso, desenvolver métodos e receitas diferentes.

Vejamos os princípios básicos da agricultura ecológica.

---

* Elaborado no início da década de 1980.

## Visão sistêmica

A atual agricultura e a agronomia convencional, especialmente os modernos métodos agroquímicos, são resultados de uma visão reducionista. Cada aspecto é encarado separadamente, como que se encontrando em uma gaveta fechada que não tem ligação com outras gavetas. Dentro de cada gaveta o pensamento é linear.

Ainda há os que confundem ecologia com especialização científica. Em nossas universidades, temos até cursos de especialização em ecologia. Mas a ecologia é exatamente o contrário. Ela é generalização, é visão global. Podemos dizer que é a visão sinfônica da Natureza. Em uma orquestra, todos os instrumentos são complementares uns aos outros, todos marcam o mesmo passo, nenhum pode ser destacado. A maravilha está, justamente, na complementação multilateral.

O agricultor, o agrônomo ecológico – incluímos aí o veterinário, o engenheiro florestal – tem essa visão. Para ele, a propriedade agrícola, o empreendimento agrícola, florestal ou pecuário, constituem-se em uma *unidade funcional*.\* Essa unidade funcional – um organismo, por assim dizer – está inserida de forma dinâmica na unidade

---

\* Um honroso exemplo desse tipo de profissional é o agrônomo capixaba Youssef Nasser, responsável pelas atividades do Centro Augusto Ruschi, em Cachoeiro do Itapemirim. Lutzenberger descreve o trabalho de Nasser como "modelar, extremamente sério e de resultados práticos excepcionais". Partindo, justamente, de uma visão sistêmica da Natureza, os métodos agronômicos de Nasser têm conseguido resultados tão animadores que, além de torná-lo conhecido para além das fronteiras do Espírito Santo, atraíram a adesão inclusive de grandes produtores rurais, especialmente de laranjas. Ao abandonarem os métodos químicos convencionais, obtiveram grande incremento de produtividade, com marcante redução de custos. E, pelo depoimento dos próprios produtores, sabe-se que para alguns essa mudança de enfoque significou derrotar o fantasma da falência. (N.E.)

funcional maior, o ecossistema natural que, por sua vez, é apenas parte do grande sistema vital, a *ecosfera*.

O agricultor convencional, hoje, "faz dinheiro".

O agricultor ecológico maneja um sistema vivo.

Uma vez que em uma unidade funcional todas as peças são de igual importância, a listagem de fatores que se segue não será numerada, pois a ordem é arbitrária. Poderíamos começar em qualquer uma delas. O próprio tratamento separado dos diversos fatores é arbitrário, para facilitar catalogação e descrição. Na realidade, os fatores são apenas aspecto parcial ou perspectiva diferente da mesma unidade.

#### Vida do solo

Na agricultura convencional moderna, a vida do solo é irrelevante. O solo é visto como simples substrato mecânico, veículo de nutrientes solúveis. As práticas convencionais de adubação química, de trabalho mecânico do solo, de aplicação de venenos para controle e combate de pragas não costumam levar em conta seu efeito sobre a vida do solo. Nos pacotes tecnológicos ou nas recomendações de aplicação de "defensivos" ou de adubos químicos, nas instruções sobre lavração ou subsolagem, não aparecem preocupações com a preservação ou promoção da minhoca, da flora bacteriana, dos fungos, protozoários e artrópodes do solo. Quase nunca se ouve falar em húmus.

Para a agricultura ecológica, a preocupação mais fundamental é a preocupação com a vida do solo. *Solo fértil é solo vivo.* Um solo fértil é um sistema vivo. A fertilidade do solo só será sustentável se os métodos de exploração agrícola permitirem a preservação e promoção da vida do solo. A visão sistêmica da agricultura ecológica parte do princípio que diz: *a saúde biológica do solo, a saúde da planta, do animal e do homem são uma só coisa*. Onde adoecer um desses elos, adoece o todo! Hoje, o todo está doente porque adoeceu a mente do homem, o que o leva a agredir em todas as frentes. A vida do solo precisa ser alimentada. *O alimento da vida do solo é a matéria orgânica.*

Na agricultura convencional agroquímica comete-se hoje, e pelas mesmas razões – bons negócios para certos poderes econômicos – o erro que cometemos com nossos bebês: um "curto-circuito". Em vez de alimentar adequadamente a lactente, para que ela alimente corretamente seu bebê com leite materno, que contém a proporção certa de proteínas, glicídios, lipídios, minerais, vitaminas, anticorpos, fermentos vivos, queremos alimentar diretamente o bebê com leite em pó, que é um esqueleto apenas de leite de vaca, com proporção diferente de proteínas e seus aminoácidos, de diferentes proporções de sais minerais e vitaminas, sem a parte viva, sem os anticorpos e os fermentos vivos. O adubo químico sintético solúvel pretende alimentar diretamente a planta, passando por cima da vida do solo. Mas só um solo vivo entrega à planta, na proporção certa, tudo aquilo que ela precisa. É verdade que a planta absorve os macronutrientes N, P, K; os demais nutrientes minerais, Ca, Mg, Mn, Na, S, Fe; e os micronutrientes Co, Bo, Zn etc., em forma de íon em solução, mas é também verdade que a planta absorve todo um complexo bioquímico macromolecular: alcaloides, aminoácidos, enzimas, substâncias alelopáticas, fitoncidas, hormônios, vitaminas. Esse aspecto vital não é levado em conta pela agroquímica moderna em seu paradigma *N-P-K + veneno*. Mas é aquele complexo bioquímico que dá saúde à planta.

Em uma adubação química, os macroelementos são oferecidos à planta em um determinado momento, em geral no início do plantio para os cultivos anuais e na primavera para os cultivos perenes. Isso quase sempre significa desequilíbrios metabólicos na planta, ao mesmo tempo em que as elevadas doses de sais minerais solúveis afetam a microvida do solo, matando ou desequilibrando a microflora e a microfauna.

Entretanto, os macro e os microelementos liberados pela vida do solo são entregues à planta de maneira contínua e quase que homeopaticamente, e sem as perdas por lixiviação, comuns na aplicação maciça de sais solúveis.

O nitrogênio fixado pelo *Azotobacter* e pelo *Rhizobium*, além de alcançar quantidades equivalentes ou maiores do que as que se costumam administrar em forma de sulfato de amônio, salitre do Chile, sulfonitratos, ureia etc., é oferecido à planta continuamente, é absorvido diretamente e não pode ser levado pela água da chuva. Em agricultura ecológica, não há necessidade de aportes de azoto sintético. Uma dupla economia: no custo dos adubos e no custo dos venenos, pois *a aplicação maciça de adubos nitrogenados solúveis é uma das principais causas da suscetibilidade das plantas às pragas*.

Uma vez que a agroquímica convencional vê o solo como simples veículo de nutrientes solúveis, a própria análise química em laboratório agronômico parte desse postulado. Ela só analisa o que está na solução do solo mais aquilo que pode ser facilmente solubilizado. No caso do fósforo, por exemplo, o solo é lixiviado com ácidos fracos e se analisa a solução lixiviada. Entretanto, se fizéssemos uma análise mineralógica, verificaríamos que existe muitas vezes mais fósforo que o indicado pela análise agronômica. A microvida do solo, especialmente a *Mycorrhiza*, libera o fósforo e os demais elementos que se encontram no esqueleto mineral do solo. Se analisarmos o excremento da minhoca pelos métodos convencionais da análise de solo, veremos que ele contém muito mais fósforo que o solo em que vive a minhoca. Essa observação já levou alguns agricultores orgânicos de inclinação mística a postularem a capacidade da planta de transmutar elementos. Mas não há necessidade dessa hipótese. A maior concentração de fósforo solúvel no excremento da minhoca é trabalho da intensa microvida do intestino dela.

Em solo são, com microvida intensiva, com raríssimas exceções, *não pode haver problemas de deficiência de microelementos*. Os problemas de deficiência de oligoelementos costumam aparecer nos solos que não mais têm vida, consequência da agressão mecânica e química, da monocultura.

Em um solo vivo, o valor do pH também costuma equilibrar-se em nível adequado, sem que haja necessidade de aportes maciços de corretivos em forma de rocha calcária moída. Por isso, a agricultura ecológica *evita toda adubação mineral solúvel*. Quando houver necessidade de adubação mineral, essa se faz em formas insolúveis. Por exemplo, fosfatos naturais, hiperfosfato, escória de Thomas, rochas naturais moídas. Se a indústria química quase não mais oferece fosfatos insolúveis, preferindo os fosfatos solúveis, como o superfosfato, o superfosfato triplo, os fosfatos complexos de amoníaco, os adubos complexos do tipo N-P-K, com alta porcentagem de sais solúveis, é porque convém a ela, não ao agricultor. Esses adubos são mais caros. Ela fatura mais com eles. Mas *em uma agricultura ecológica bem conduzida, podemos trabalhar com material localmente disponível. Basalto moído é excelente adubo mineral.* Ele pode ser aplicado diretamente ao solo ou ser misturado ao composto. Ele é extremamente barato. Todas as rochas naturais que não sejam de puro quartzo podem ser usadas como adubo mineral. O próprio granito e o *gneiss* são excelentes fontes de potássio. A maioria das rochas sedimentares – com exceção de alguns arenitos eólicos, os xistos e os xistos metamórficos – são bons adubos minerais em agricultura ecológica. Mas em um solo de agricultura convencional, degradado e morto, eles não têm nenhum efeito.

O Brasil não necessita importar um quilo de adubo mineral. Também não há necessidade de que fechem as indústrias nacionais de adubos, elas poderão concentrar-se nas formas insolúveis acima mencionadas. O ideal seriam milhares de moinhos de rocha disseminados pelos milhares de municípios do Brasil.

Para que a microvida do solo possa fazer o trabalho de liberar adequadamente os micro e os macroelementos e de entregar à planta todo aquele complexo bioquímico que lhe dá saúde e defesa natural, ela precisa da energia da matéria orgânica.

A agricultura ecológica alimenta a vida do solo pela:

### Reciclagem da matéria orgânica

Hoje predomina a destruição ou o desperdício da matéria orgânica. Queimam-se a palha e os resíduos no campo, não se aproveita o esterco do gado, o herbicida diminui a produção de matéria orgânica, as queimadas destroem anualmente milhões de toneladas de biomassa, mesmo nas áreas que não são aproveitadas na agricultura, pecuária ou silvicultura. A indústria desperdiça milhões de toneladas anuais de resíduos orgânicos, muitas vezes poluindo rios e arroios com eles: serragens, casca de arroz, resíduos da industrialização do café, do coco, do cacau, nas fábricas de conservas, laticínios, cantinas, frigoríficos, fábricas de óleo vegetal, nas usinas de açúcar e álcool. Aliás, existem agora planos para a construção de vinhodutos, que levariam o vinhoto das usinas de álcool do interior do país até a costa, para ser despejado no mar. Que absurdo!

O agricultor ecológico aproveita toda matéria orgânica de que dispõe em sua propriedade e não despreza a matéria orgânica que pode obter fora dela. *O ideal é produzir em cada metro quadrado o máximo possível de matéria orgânica e devolvê-la ao solo ali mesmo, no momento oportuno.* Mas isso nem sempre é possível. Por isso, são muitos os métodos e processos de reciclagem da matéria orgânica. Uma das melhores maneiras de incrementar a reciclagem da matéria orgânica é a integração pecuária-lavoura. O tradicional camponês europeu há muitos séculos usa a palha dos cereais como cama para o gado. A palha com esterco é compostada, e o composto é distribuído no campo. Todo estábulo tem também suas cisternas especiais, as quais coletam a urina do gado e as fezes humanas, que são então aplicadas ao campo em forma de chorume. Entre nós falta até equipamento para esses tipos de trabalho. Ainda é comum o agricultor que constrói o estábulo ou a pocilga em cima do arroio, crendo-se muito progressista por utilizar gratuitamente a força transportadora da água para livrar-se daquilo que ele considera material indesejável. Qualquer camponês chinês lhe contaria uma história bem diferente.

Em climas subtropicais e tropicais, uma solução muito prática que se oferece é o *digestor de biogás*. Além de propiciar energia para cozinha, banho e até eletricidade, ele facilita a devolução da matéria orgânica à lavoura. Os colonos brasileiros que já usam o biogás logo se deram conta de que a parte mais importante e valiosa é o adubo orgânico e sua facilidade de aplicação em estado líquido. O processo seria interessante e remunerador mesmo que o gás não fosse usado.

Outro aspecto importante a considerar no uso do adubo líquido do biodigestor, dos vinhotos, do esterco fresco de porco e outros é o fato de esses materiais se apresentarem com microflora anaeróbia. Para a saúde do solo e da planta precisamos de *flora bacteriana aeróbia* (por isso as próprias medas de composto são mantidas bem fofas e são removidas com certa frequência). As floras bacterianas anaeróbias são prejudiciais e produzem toxinas orgânicas desfavoráveis. Aplicados diretamente a cultivos em crescimento, os chorumes anaeróbios podem causar estragos sérios, podem frear o crescimento e promover o aparecimento da praga. Esse fato tem levado muito agricultor desavisado (embora bem-intencionado) a chegar à conclusão de que "adubo orgânico dá praga". Mas tal característica não desvaloriza esse tipo de adubo orgânico, basta aplicá-lo no momento certo: após a colheita e antes do preparo do solo para o cultivo seguinte, nos cultivos anuais; e no período de descanso para os cultivos perenes. Se aqueles grandes monocultores de cana, que se queixam de que o vinhoto acidifica o solo, não queimassem a cana antes da colheita e aplicassem o vinhoto sobre a palha, poderiam verificar que a economia de herbicida, adubo químico e agrotóxico e, paralelamente, o aumento da colheita, compensariam de longe a mão de obra para aplicação do vinhoto. Poderiam também conferir alguma credibilidade às suas costumeiras e demagógicas declarações de estarem preocupados em propiciar empregos.

Uma vez que devemos propiciar flora bacteriana aeróbia, *nunca devemos enterrar profundamente a matéria orgânica*. A maneira certa de retorná-la ao solo é incorporando-a superficialmente, ou usando-a como *Mulch**, especialmente nos cultivos perenes.

Matéria orgânica incorporada profundamente, com aração profunda, por exemplo, pode entrar em decomposição anaeróbia e prejudicar nosso cultivo, ou ela simplesmente não se decompõe. É comum a palha enterrada sair quase intacta na segunda lavração.

Além de aplicar a matéria orgânica corretamente e no momento exato, o agricultor ecológico procura sempre produzir o máximo possível de matéria orgânica em sua propriedade. Ele também quer ver o máximo de biomassa na paisagem circundante. Hoje parece que predomina no Brasil a ideia de que quanto mais rápido o país se transforma em deserto, melhor. Ou como se explicariam as queimadas que a cada ano que passa parece que aumentam, até nos rincões mais remotos? *Matéria orgânica é energia solar*. A agricultura, basicamente, é esquema de captação de energia solar.

Portanto, longe de querermos acabar com toda erva natural que aparece em nossas lavouras, em vez de querer erradicá-la, como quer a filosofia que inventou o herbicida, vamos apenas querer manejá-la ou controlá-la.

---

* *Mulch*: cobertura morta. (N.E.)

Sempre que a lavoura não estiver com cultivo, quanto mais erva natural, melhor. O agricultor ecológico evita, inclusive, palavras pejorativas como inço, mato, erva daninha. Os agricultores biológicos alemães, por exemplo, abandonaram a palavra *Umkraut*, que significa erva má, em favor de *Beikraut*, erva acompanhante. Em cultivos perenes, tais como parreiras, pomares, cultivos de mate, café, cacau, seringueira, coco e outros, a erva nativa é a nossa melhor fábrica de matéria orgânica.

Maneira muito eficiente de aumentar a matéria orgânica é fazendo *adubação verde*. Em nossos climas tropicais e subtropicais temos excelentes condições de aproveitamento de leguminosas de elevada produtividade de biomassa, tais como o *cudzu*, puerária, crotolaria e tantas outras. A massa verde será incorporada superficialmente, como foi mencionado acima.

Para podermos levar ao solo os resíduos orgânicos industriais, hoje desperdiçados, torna-se necessário desenvolver métodos e maquinaria adequada para a compostagem ou digestão anaeróbia. As montanhas de serragem que hoje são desperdiçadas ou queimadas, sem aproveitamento sequer da cinza, terão que ser compostadas, acrescentando-se algum nitrogênio orgânico, ou mesmo sintético, minerais e microelementos. Esses últimos poderão ser administrados em forma de pó de rocha ou de fosfatos naturais. Para a movimentação das medas de compostagem em escala economicamente interessante, precisamos de maquinaria hoje inexistente no mercado. A indústria de maquinaria agrícola bem que poderia ocupar-se desse aspecto. Mais interessante, porém, seria que as máquinas necessárias fossem produzidas localmente, nas oficinas mecânicas existentes. As soluções serão algo mais difícil quando se trata de resíduos orgânicos pastosos, como o bagaço da uva, ou material muito úmido, como polpa de laranja das fábricas de suco. Mas talvez esses materiais sejam mais preciosos como alimento para gado e porcos. Haverá então mais esterco para reciclar. Os efluentes orgânicos líquidos, como nos curtumes, frigoríficos e laticínios, poderão, após decantação e aproveitamento do lodo, ser purificados em lagoas de aguapés. Isso produz mais biomassa, excelente para *mulching*, compostagem, biogás, ração ou aproveitamento energético na combustão direta ou na pirólise. Sobrariam as cinzas como excelente adubo mineral.

Os promotores da agroquímica costumam argumentar que matéria orgânica não comporta os custos de transporte. Para fortalecer esse argumento, costumam apontar os baixos conteúdos de N-P-K na matéria orgânica fresca ou no composto. Essas concentrações são da ordem de até 2% ou no máximo 3 a 4% nos macroelementos. Mas esse argumento é falho. O que nos interessa na matéria orgânica não é seu conteúdo em N-P-K, é a energia que ela contém, energia que promove microvida no solo. De fato, se um determinado composto contém, digamos, 1,8% de N, a quantidade de N aplicada por hectare, mesmo com dez toneladas de composto, é pequena, aproxima-se apenas da metade do N contido em 200 kg/ha de sulfato de amônio. Mas a microvida promovida por esse composto poderá fixar até 200 kg/ha de N, o equivalente a uma tonelada de sulfato de amônio. As baixas concentrações de fósforo e potássio no composto também nada significam diante das quantidades que a flora bacteriana libera e põe à disposição das plantas, sem as perdas ou fixações normais na aplicação de adubos sintéticos ou solúveis.

Quanto à matéria orgânica, convém ainda fixar alguns conceitos. A agricultura moderna relegou a plano secundário, irrelevante, o conceito de húmus, palavra que hoje quase não se ouve nas escolas de agronomia, nos esquemas oficiais de fomento ou pesquisa, e muito menos em círculos industriais de maquinaria, adubos químicos e agrotóxicos. Húmus é o conceito genérico que define a matéria orgânica no solo. Em um solo são, rico em vida, o húmus se apresenta sob três formas: húmus bruto, que é a matéria orgânica ainda intacta, não atacada pela microvida do solo; húmus ativo, que é matéria orgânica em processo de decomposição (é nessa etapa que a microvida floresce e produz o complexo bioquímico essencial à saúde da planta e libera macro e microelementos, além de fixar nitrogênio); e húmus estável, que são os compostos húmicos que dão cor negra a uma terra rica e fértil – trata-se de compostos do ácido húmico, que contribuem para uma melhor estrutura física do solo e aumentam a capacidade de intercâmbio iônico, essencial para a retenção dos nutrientes minerais. Em um solo vivo, que é um ecossistema complexo e equilibrado, as três formas de húmus precisam coexistir, pois uma depende da outra: sem húmus bruto não pode surgir o húmus ativo, e sem que este se degrade até as formas mais ou menos estáveis não pode surgir o húmus estável. Sem os três não há a produção de biomassa, que mantém o ciclo.

Isso ilustra um dos aspectos fundamentais das tecnologias dos sistemas vivos: as tecnologias naturais são antientrópicas; as tecnologias humanas, pelo menos as atuais, são entrópicas. As infraestruturas que a moderna sociedade industrial instala, em substituição aos ecossistemas naturais, degradam o ambiente a ponto de comprometer o futuro dessas mesmas infraestruturas. Elas tornam-se assim insustentáveis a médio e longo prazos. Demolimos os solos causando erosão; desequilibramos os cursos d'água, pela demolição das florestas; contaminamos esses mesmos cursos d'água, a ponto de tornar-se difícil a obtenção de água pura para as mesmas indústrias que as poluem; esgotamos as minas e acabaremos assim com os minérios de que a sociedade industrial necessita para sua sobrevivência; ao queimarmos petróleo, carvão, turfa, xisto e mesmo urânio, consumimos a base energética indispensável ao esquema; desequilibramos o próprio clima; entramos em explosão demográfica, o que nos faz querer demolir sempre mais. Nos sistemas naturais acontece sempre o contrário. A base de recursos e energia torna-se sempre melhor. À medida que o sistema amadurece e evolui, o ambiente torna-se sempre mais propício ao ecossistema.

Algo temos que aprender com a sabedoria da Natureza. Nada impede que pratiquemos também tecnologias antientrópicas.

Voltemos à agricultura ecológica. Não basta promover produção e reciclagem de matéria orgânica para manter uma intensiva microvida no solo, temos que proteger essa microvida. Isso significa:

## Agressão mínima ao solo

Devemos evitar todas as formas de agressão desnecessárias ao solo. Isso inclui a agressão mecânica, a agressão química e a agressão dos raios solares e da chuva em solo desprotegido. A lavração profunda é sempre uma desestruturação violenta do solo, que agride diretamente a microvida. Ela inverte os horizontes superiores do solo, enterrando microvida aeróbia, que sucumbirá por falta de oxigênio, ao mesmo tempo que traz à tona microvida anaeróbia, que sucumbirá por excesso de oxigênio. A microvida leva tempo para reestruturar-se, e muita estrutura e equilíbrio se perdem no processo. Em climas tropicais e subtropicais, a exposição direta do solo nu à intempérie torna inevitável a maciça erosão, que é sempre um estrago irreversível, e a exposição à incidência direta dos raios solares mata grande parte da microvida pela esterilização direta da radiação e pelas altas temperaturas que o solo atinge ao meio-dia. Devemos, portanto, desenvolver métodos agrícolas que usem a lavração apenas como medida de emergência.

Nosso agricultor tem a mania de querer ver o solo "limpo", por isso ele gosta de queimar toda palha e resíduos de colheita. O ideal é exatamente o contrário: movimentação apenas superficial do solo, com matéria orgânica semienterrada, mantendo o solo protegido e aberto à penetração da água. Muito promissores, nesse sentido, são os métodos de plantio direto, mesmo que esses signifiquem um uso inicial de herbicida. Esses métodos são um grande passo para frente, diante do que se costuma fazer em nosso meio. O herbicida poderá, entretanto, ser logo eliminado. Além de um manejo correto da lavoura com rotações adequadas, é possível eliminar logo o herbicida pela semeadura a lanço, em substituição à semeadura em linhas. A semente será incorporada por uma gradeação superficial, e usa-se um pouco mais de semente para compensar as perdas por semente mal-enterrada, que será consumida pelos pássaros. A cultura fechará logo, não dando chance às ervas naturais.

Entre as formas graves de agressão ao solo estão os agrotóxicos. Nas lavouras altamente quimificadas não mais se encontra uma minhoca e a microvida torna-se residual. Isso desencadeia um ciclo diabólico – torna-se necessário usar sempre mais química. É a mesma situação da pessoa drogada. O efeito desejado requer doses sempre maiores, e desacostumar-se da droga torna-se sempre mais doloroso.

Enquanto os herbicidas incidem diretamente sobre o solo, os venenos aplicados na folhagem acabam sendo levados ao solo pela chuva, ou pelo vento, mesmo em lugares distantes da lavoura. Se considerarmos a frequência de aplicação e as combinações descontroladas de venenos que muitos agricultores costumam fazer, induzidos por uma publicidade agressiva, indecente e criminosa, torna-se fácil imaginar a calamidade da situação dos solos agrícolas nas regiões de agricultura mais "moderna".

A agricultura ecológica evita todas essas formas de agressão. Como forma adicional de proteção do solo, ela imita a Natureza, que não gosta de solo nu. *A erva nativa é, por assim dizer, o esparadrapo da Natureza, com o qual ela tapa as feridas que possam aparecer pelas diferentes formas de acidentes naturais ou agressões humanas.* A agricultura ecológica esforça-se por manter o solo sempre coberto: ou por erva natural, quando o solo descansa; ou por consorciação de cultivos entre si, para cobertura total do solo; ou por capa verde entre as linhas dos cultivos anuais e perenes, especialmente com leguminosas; ou cultivando em monocultura tão densa que cubra completamente o solo.

No milho, nos cereais e em muitos outros cultivos anuais, é recomendável semear nas entrelinhas leguminosas de baixo porte, tais como trevos, ervilhas, tremoço e outras. Nos cultivos perenes, sempre devemos consorciar leguminosas com ervas nativas. Em vez de capinar, apenas se tosa, deixando a palha como *mulching*.

A própria monocultura continuada, como nos grandes canaviais das usinas de açúcar e álcool, ou a rotação incompleta, como no caso do trigo/soja no Sul do Brasil, constituem certa forma de agressão à vida do solo. A microvida diminui, empobrece e se torna unilateral. O bioquimismo do solo também empobrece e vai se desviando em direções perniciosas para os cultivos em questão.

Os ecossistemas naturais têm como fator fundamental de estabilidade a:

### DIVERSIDADE

Monoculturas naturais só existem em condições de adversidade, como no frio ártico, em fontes de água quente, em águas extremamente eutróficas.* À medida que os ecossistemas amadurecem e que a vida evolui, ela cria sempre mais diversidade, mais interação entre as espécies. Os ecossistemas são tanto mais estáveis, conseguem tanto mais controle e domínio de seu ambiente inanimado quanto mais complexos forem, quanto maior o número de espécies. A *Hylaea*, a floresta tropical úmida, é exemplo extremo dessa tendência. Ela está constituída de dezenas de milhares de espécies vegetais e centenas de milhares de espécies animais. Basta lembrar a incrível variedade de insetos. Conforme conta Warwick Kerr, profundo conhecedor da Amazônia, os índios ti-

---

* Águas extremamente ricas em nutrientes, como quando um rio ou lago fica verde como capim. (N.A.)

nham em seu vocabulário palavras para designar cerca de cinquenta espécies distintas de abelhas. No outro extremo, nas águas cálidas dos recifes de corais, temos ecossistemas quase igualmente complexos, coloridos, ricos em formas e interações cibernéticas entre espécies. A *homeostase*, isto é, o equilíbrio autorregulado, é tanto maior, mais perfeito, quanto maior o número de espécies.

Parece que uma das coisas mais difíceis para o homem, especialmente o homem moderno, é o pensamento sistêmico. Ele gosta de ver coisas simples, não consegue compreender a complexidade cibernética dos sistemas naturais. Por isso ele procura sempre simplificar. Onde a Natureza prefere sempre *a policultura de espécies vegetais perenes predominando sobre número muito menor de espécies anuais, em interação com incrível variedade de espécies animais*, o homem teima em esvaziar a paisagem para estabelecer monoculturas de espécies vegetais anuais, com vestígios apenas de espécies perenes e número extremamente reduzido de espécies animais. Nos sistemas naturais temos animais de todos os portes, predominando os de pequeno porte, especialmente os insetos. Nos sistemas que o homem estabelece, se pudesse ele acabaria com todos os animais de pequeno porte, deixando apenas os animais domésticos, e todos de grande porte. Mal suporta a abelha e o bicho-da-seda, este último só em cativeiro. Mas esse tipo de visão não parece ser inerente ao homem, deve ter causas culturais, pois o índio tem visão sistêmica da floresta, considera-se inclusive parte dela.

Se quisermos uma agricultura realmente sã e sustentável, devemos aprender a respeitar essa tendência fundamental dos sistemas naturais. *Os nossos ecossistemas agrícolas devem tornar-se mais complexos*. É claro que eles não poderão sequer aproximar-se da complexidade da *Hylaea*, mas temos condições de dar-lhe complexidade suficiente.

A complexidade no espaço se consegue pela *diversificação de cultivos*.

A complexidade no tempo se consegue pela *rotação de cultivos*.

A nossa colônia no Rio Grande do Sul, uma das raras regiões do Brasil onde os poderosos não conseguiram evitar o surgimento de uma cultura camponesa autóctone, sobreviveu durante mais de um século com diversidade de cultivos. Hoje ela está morrendo na monocultura (felizmente, já se notam tendências de inversão). A diversidade de cultivos não somente garante mais equilíbrio ecológico, ela também propicia mais equilíbrio econômico ao agricultor.

Mas a complexidade do ecossistema agrícola não se faz somente com maior número de cultivos concomitantes. Devemos, antes de tudo, *proteger as comunidades florísticas que circundam nossos cultivos*. Com todos os meios devemos combater a tendência de nosso homem do campo de destruir e eliminar pelo fogo toda vegetação natural, toda macega, matagal, capoeira, bosque. Mesmo nas áreas cultivadas podemos incrementar diversidade com cercas vivas, quebra-ventos, cultivos arbóreos. Inclusive açudes têm sua função, eles acrescentam diversidade de fauna. A libélula é um dos mais vorazes caçadores de insetos em pleno ar. Ela controla muitos dos insetos que atacam nossos cultivos, complementando assim o trabalho de pássaros, morcegos, sapos, pererecas, lagartixas e outros répteis. Muito agricultor pensa que nos complexos vegetais naturais estão somente os hospedeiros de pragas. Mas ali sobrevivem, sobretudo, os predadores das pragas. Os atuais métodos agroquímicos, enquanto permitem o surgimento de resistência entre os insetos que atacam nossos cultivos, acabam logo com os predadores desses. O predador tem sempre biomassa muito menor e não consegue sobreviver ao veneno. Enquanto que a praga só morre nas áreas onde a aplicação do veneno é em dose letal e seleciona resistência nas faixas de dose subletal, o predador morre também nesta, pois ali se alimenta de insetos com doses subletais. Alimentando-se de muitos indivíduos contaminados, a dose torna-se letal para ele. Não fossem os restos de natureza intacta, já teríamos perdido quase todos os nossos predadores naturais.

Os complexos naturais devem ser os mais variados possíveis, com vegetação rasteira, de médio porte e arbórea, densa e aberta. O tico-tico necessita de capim alto para nidificar; a corruíra, de vegetação arbustiva densa; o beija-flor, de vegetação arbustiva mais aberta; o sabiá, de árvores de certo porte; e assim por diante. As pererecas precisam de vegetação densa e úmida; o sapo, de solo em que pode fazer suas tocas. Quanto mais simples for a paisagem em volta das áreas cultivadas, menos predadores naturais teremos.

*A rotação de cultivos* é essencial para um manejo ecológico do solo, ao mesmo tempo em que acrescenta diversidade à paisagem agrícola e dá mais segurança econômica. Devemos chegar a rotações que contenham pelo menos 5 a 7 elos. *A área cultivada será dividida em número de glebas igual ao de elos na rotação, de modo que todos os anos teremos concomitância de todos os cultivos.* Para cada região, de acordo com as condições de solo, de microclima e de demanda de mercado, devemos pesquisar as rotações mais indicadas, mas sempre devemos incluir uma ou várias leguminosas ou consorciações com leguminosas. De grande valor será a inclusão de uma fase de dois a três anos de pasto ou de fenação. Tanto no pasto como na fenação deverão estar incluídas leguminosas.

Muito importante é que estudemos e testemos as inúmeras leguminosas nativas que temos em nosso território, tanto as de pequeno como as de grande porte, as anuais e as perenes. A Natureza nos oferece instrumentos os mais variados, para as circunstâncias e os alvos os mais variados.

# REPENSANDO O CULTIVO DO ARROZ*

> *Ideias para incrementar a economicidade e a sustentabilidade do cultivo do arroz.*

    Pessoalmente, desde minha infância e juventude, sempre tive um relacionamento espiritual com a Natureza. Por isso, as lavouras de arroz que conheci sempre me fascinaram. Naqueles tempos a orgia dos agrotóxicos não era sequer imaginável. As lavouras ainda eram bem menores. Peões faziam as taipas com pá. A colheita era manual, à foice, feita por grupos de trabalhadores migrantes. As trilhadeiras eram estacionárias. Muita água era puxada a locomóvel – máquinas a vapor que queimavam lenha. Ainda na segunda metade dos anos 1940, como estudante de Agronomia, trabalhei como agrimensor em lavouras de arroz, a serviço do Banco do Brasil. Conheci então a fantástica fauna avícola palustre, e me extasiava com ela – jaçanã, maçarico (íbis), marrecos, mergulhões, até as garças, colhereiros, joão-grande, tajã e outros. Também eram abundantes os répteis, anfíbios e peixes, assim como insetos, como a simpática libélula, e infinidade de outros seres fascinantes, incluindo toda uma flora de grande diversidade e beleza.

    Não podia imaginar então o que passaria a ver após quinze anos no exterior, quando voltei ao Rio Grande

---

* Texto datado do ano 2000, escrito por ocasião de uma entrevista ao *Jornal do Povo*, de Cachoeira do Sul/RS.

do Sul, em janeiro de 1971. As aves aquáticas estavam dizimadas. Os venenos reinavam na agricultura, inclusive nas lavouras de arroz. Conheci fazendeiros que, antes das aplicações, convidavam caçadores para que matassem o que pudessem porque o veneno mataria de qualquer jeito. Foi por isso, por desespero, que iniciei a luta ambiental que até hoje me prende.

Agora, aos 73 anos, desfruto a grande satisfação, uma das maiores de minha vida, de ver essa fauna quase totalmente recuperada. Os venenos no arroz estão limitados a alguns herbicidas que, espero, desaparecerão em breve. Os métodos da agricultura regenerativa – entre eles, o plantio pré-germinado – nos revelam belos exemplos de como solucionar problemas na lavoura arrozeira.

A lavoura de arroz é um banhado artificial e, juntamente com os açudes que ela requer, constitui um importante enriquecimento da paisagem do Pampa. Os problemas só começaram a surgir com os métodos agressivos da agricultura moderna, especialmente com os agrotóxicos. Muito graves também têm sido e continuam sendo os problemas ecológicos resultantes da dragagem destrutiva dos banhados naturais. E ainda os problemas que têm sua origem em fatores sociais e políticos. Em sua maioria, as lavouras de arroz são feitas por arrendatários. Esses, sem esperança econômica e sem garantia de poderem voltar a plantar no mesmo lugar, não veem interesse em trabalhar para manter a fertilidade do solo. O plantio de arroz costuma ser feito no mesmo solo cada três ou quatro anos. Entre os plantios o solo não é cultivado, volta a ser pasto para o gado. Mas se forem usados herbicidas, o pasto degrada e a produtividade primária decai, resultando em prejuízo para o dono da terra.

Em rotação com cultivos de inverno, será perfeitamente possível plantar arroz todos os anos no mesmo solo e manter alta a produtividade. Assim como a maioria domina bem a técnica de irrigar suas lavouras para o plantio, poderia igualmente drená-las no inverno, e então plantar feno para o gado, que em geral carece de alimento nessa época. Poderiam ser semeadas consorciações de azevém, aveia e leguminosas. O proveito seria múltiplo – preservação e melhora da fertilidade do solo, produção adicional de feno para animais e, com o plantio todos os anos, poderia aumentar consideravelmente a produção de arroz, com vantagem ecológica. Para que isso aconteça, seria desejável que o próprio dono da terra a plantasse, ou então que os contratos de arrendamento dessem a necessária segurança ao plantador.

A economicidade e sustentabilidade do cultivo do arroz poderia ainda ganhar com o aproveitamento de algo que hoje quase sempre é tratado como lixo: a casca. Dentro de uma política energética racional, seria uma excelente fonte de energia de biomassa, com aproveitamento inclusive da cinza, que hoje é desperdiçada nos poucos casos em que a casca de arroz é usada como combustível, em secadores.

E falta, naturalmente, uma decente política de preços, que permita ao lavoureiro trabalhar com tranquilidade, protegido das quedas que tantas vezes acontecem no momento da colheita, devido a importações especulativas.

# ÁLCOOL COMBUSTÍVEL: UM ENGODO*

> *A biomassa pode ser usada de muitas maneiras, entre as quais o álcool é apenas uma, a menos eficiente.*

Ninguém mais duvida que a sociedade do esbanjamento está ameaçada. Já não é possível continuar acreditando em recursos ilimitados. Mas a ideologia básica da sociedade de consumo continua intacta nas cabeças dos donos do poder. Quando os recursos escasseiam, eles não questionam as orgias, apenas procuram sempre novos substitutos.

Pretendem agora resolver o problema da crise do petróleo com a produção de álcool. Mas, como todos os paroxismos recentes da sociedade industrial, também esse esquema só vai agravar o problema que pretende resolver.

Quem souber fazer contas energéticas verá logo que o Pró-Álcool é como um poço de petróleo que gasta mais combustível na bomba que o óleo que retira do subsolo. Esse tipo de "poço", naturalmente, não interessa, é pernicioso. Mas poderá interessar a seu dono. Se esse for suficientemente poderoso para influir nas decisões administrativas da nação, ele poderá obter subvenção em um ou noutro extremo do processo. Se o combustível

---

\* Redigido em fevereiro de 1980. Título original: "A Fraude do Pró-Álcool".

da bomba que extrai o petróleo lhe for entregue mais barato e se o óleo que conseguir extrair lhe for comprado mais caro, ele obterá polpudos lucros – enquanto causa grandes prejuízos à sociedade. Ao contribuir para o agravamento da crise energética, ele mesmo garante para si um encarecimento constante da energia. Seus lucros crescerão sempre.

É certo que o Brasil precisa, entre outras coisas, aproveitar biomassa como fonte de energia. Biomassa é energia solar quimicamente armazenada pelos vegetais pelo processo de fotossíntese. Como tal, essa é uma energia sempre renovável. Mas não ilimitada em volume. Devemos aprender a usá-la eficientemente e em esquema sustentável.

O álcool é a maneira mais ineficiente de aproveitar biomassa. No caso da cana, no Rio Grande do Sul a produção média, em lavouras bem-feitas e bem-adubadas, mal chega a trinta toneladas por hectare/ano. Após prensagem, a fermentação e destilação do caldo, sobram aproximadamente 2 mil e 400 litros de álcool, o que constitui apenas oito por cento do peso da cana trazida à usina. Os 2 mil e 400 litros de álcool equivalem a uns mil e quinhentos litros de gasolina, o equivalente energético de cerca de nove tambores de petróleo. Um hectare de cana mal sustentará um carrinho que ande 15 mil quilômetros por ano.

Entretanto, se considerarmos a totalidade da biomassa de cana produzida em um hectare, excluídas as raízes que ficam no solo para o rebrote, ou seja, incluindo, além das varas de cana que vão à usina, as folhas e as pontas que, entre nós, normalmente são queimadas no campo sem nenhum proveito, teremos que essa biomassa, em termos energéticos, equivale a quase quarenta tambores de petróleo! A produção de álcool de cana para fins energéticos é algo assim como produzir água pela destilação de uísque. Para cada litro de álcool obtido, as destilarias poluem o corpo de água mais próximo com 14 a 16 litros de vinhoto, causando o tipo de estrago tristemente famoso em rios paulistas como o rio Piracicaba. O bagaço, em geral, é queimado como fonte de energia para a usina. Quando não é queimado, é jogado fora.

A produção de álcool requer energia não só na usina. A lavoura e toda a infraestrutura técnica também consomem energia. A maquinaria da lavoura consome combustível. A fabricação de todo o equipamento, das próprias usinas, das infraestruturas viárias e de distribuição, custa muita energia em sua fabricação – na siderurgia, na olaria, na fábrica de cimento, no curtume, na mina etc. O adubo químico e os venenos usados na lavoura de cana consomem grandes quantidades de energia.

Não vamos fazer contas completas. Basta ressaltar que os 500 quilos de adubo químico sintético que se aplicam por hectare consomem, em sua fabricação, mais do que seu próprio peso em petróleo ou carvão. Só aí já se foi mais de um terço da energia do álcool produzido. Não precisamos explicar mais nada. Não pode sobrar energia na produção do álcool. Os insumos consomem mais energia que a energia colocada no tanque do carro.

Outro aspecto importante: é do conhecimento público que o Brasil exporta gasolina. Isso porque, no refino do petróleo, há uma relação inevitável entre quantidade de óleo diesel, óleo combustível, gasolina, querosene, óleos pesados, piches e asfaltos. O nosso gargalo está no diesel e no *fuel oil*. Assim, temos que produzir mais gasolina do que necessitamos. Por isso, parte do petróleo bruto importado é reexportado, em forma de gasolina.

Mas o álcool só substitui gasolina. Movimenta carrinhos e carrões, não caminhões. Se tivermos que abandonar todos os nossos carros, isso por certo será bastante incômodo, mas sobreviveremos... Aliás, muita gente fadada a ser massacrada nas estradas ficaria viva. Algumas dezenas de milhares por ano, só no Brasil. Agora, se ficarem paralisados nossos caminhões, a população morre de fome! Os fabricantes de veículos até que poderiam gostar dessa perspectiva, poderiam produzir a nova frota, adaptada, de caminhões. Já os incontáveis e sacrificados caminhoneiros, que trabalham até quinze horas por dia para pagar as prestações do caminhão, acabarão marginalizados. Aparecerão novas grandes firmas transportadoras, para recolher todas as vantagens oficiais que o pequeno nunca tem.

A grande marginalização, contudo, se verificará no campo. A grande monocultura empresarial sempre significa o deslocamento do pequeno em favor do grande. A miséria e a fome do Nordeste se devem à cana. O Pró-Álcool se encarregará de levar esse estado de coisas a todas as regiões do Brasil que ele atingir. Milhões de hectares de cana terão que ser plantados. A pretendida substituição de 20% do petróleo significaria aproximadamente 10 milhões de hectares. A substituição total requereria, pelo menos, 40 milhões, isto é, 400 mil quilômetros quadrados. O Rio Grande do Sul tem 250 mil quilômetros quadrados...

A coisa seria duplamente imoral. Em um mundo já faminto, dedicar tais extensões de terra à produção de álcool é crime. As terras férteis – e a cana só produz satisfatoriamente em terra fértil – são indispensáveis à produção de alimentos. Agravaremos seriamente o problema da fome. O vinhoto, por sua vez, destruindo a vida aquática, destruirá ainda mais produção de alimentos. No município gaúcho de Torres, ao protestarem contra a dragagem dos banhados e lagoas por órgão oficial (em conivência com gente forte, que quer meter a mão nas terras enxugadas para participar do programa do álcool), um abaixo-assinado de pequenos agricultores lembrava que "a pesca é o açougue do pobre"...

A devastação ecológica será gigantesca. Nas baixadas costeiras do estado de Santa Catarina já se pode ver como as usinas de açúcar e álcool destroem um ecossistema peculiar em extinção, as florestas de lagoa colmatada. Quantas regiões de natureza ainda intacta serão destruídas? As populações deslocadas pela monocultura, quando não vão engrossar as favelas das cidades, agravando os problemas ecológicos dessas, irão se estabelecer nos últimos restos de floresta, introduzindo ali agricultura de rapina, a única coisa que sabem fazer, porque em nosso país nunca houve, por parte dos poderosos, interesse em deixar florescer uma verdadeira cultura camponesa.

A poluição também não se restringirá aos estragos do vinhoto nos rios e arroios. As hipermonoculturas destroem a vida do solo e os equilíbrios naturais, convidando o aparecimento de pragas e enfermidades. Automaticamente, haverá recurso às enxurradas dos venenos fulminantes e persistentes. Quem acompanhou, nestes últimos anos, os estragos já causados pela agroquímica, terá uma vaga ideia do que está por vir.

Quais seriam as alternativas?

Em termos de energias alternativas, talvez não haja país no mundo com potencial que se equipare ao brasileiro. Nos oito e meio milhões de quilômetros quadrados, com clima tropical e subtropical e uns trezentos dias de sol por ano, em média, é simplesmente fantástico o que pode ser feito com energia solar, em todas as suas formas. Podemos aproveitar a radiação direta em painéis de aquecimento, para o uso particular ou industrial. Em breve serão baratos e eficientes os painéis fotovoltaicos, que permitirão a cada um captar em seu próprio teto a energia elétrica de que necessita. Em nossos 4 mil quilômetros de costa, os ventos regulares significam quase ilimitado potencial de energia mecânica. O potencial de força hidráulica, se partirmos para o uso descentralizado, em turbinas pequenas e médias, é muito maior que os 200 GW (gigawatt – bilhões de watts) oficialmente mencionados como potencial hidráulico megatecnológico. Igualmente fantástico é o potencial energético de biomassa.

Anualmente, no Brasil, as absurdas e criminosas queimadas que assolam nossas paisagens destroem bilhões de toneladas de biomassa, sem vantagem para ninguém. Ao contrário, os estragos ecológicos são sentidos por todos. Não necessitamos fazer lavouras de energia, nem de cana-de-açúcar, nem de eucalipto. Se aprendermos a colher judiciosamente, em esquema sustentável, parte apenas dessa biomassa, usando-a localmente e em termos de tecnologia branda, teríamos em todo o país energia suficiente para uma vida civilizada. Quando nosso homem do campo se der conta da importância energética da biomassa, ele certamente abandonará as imbecis queimadas. A biomassa pode ser usada de muitas maneiras, entre as quais o álcool é apenas uma, a menos eficiente.

Com fornalhas mais eficientes, além de lenha, poderemos usar outras formas de biomassa hoje desprezadas, ou mesmo esbanjadas, como palha, serragens e resíduos orgânicos. O biogás, produzido em equipamento simples, ao alcance do caboclo, pode ser usado na cozinha e no aquecimento doméstico ou industrial, para iluminação e para movimentar motores estacionários. O esterco de cinco vacas é suficiente para produzir o gás necessário para a cozinha e a iluminação de uma família de cinco pessoas. Inúmeras são as indústrias com maciços dejetos orgânicos, hoje poluentes, que poderão ser aproveitados para biogás.

Mas a pirólise, isto é, a destilação a seco, permite enorme gama de usos. Com equipamento bastante simples, ao alcance das indústrias de nossas pequenas cidades, poderemos produzir combustíveis gasosos, líquidos e sólidos, substituindo todos os usos do petróleo, tanto os usos energéticos quanto os usos químicos. Enquanto que o álcool significa apenas oito por cento da biomassa colhida, nos diversos processos de pirólise podemos chegar até oitenta por cento de aproveitamento energético. A pirólise também permite o aproveitamento de formas mais abundantes e menos nobres de biomassa. Mesmo em lavouras energéticas, digamos plantações de eucalipto ou outras espécies arbóreas de rápido crescimento, a pirólise, além de maior variedade nos usos possíveis, nos permitiria obter o equivalente energético de 100 a 150 barris de petróleo. Caso for usado o aguapé, em bem pensados esquemas de purificação biológica de esgotos, a pirólise do aguapé secado ao sol pode dar o equivalente de até 500 barris de petróleo por hectare/ano.

Mas são raros os casos em que haveria necessidade de lavouras energéticas. A pirólise permite o uso de todas as formas de resíduos, tais como serragem, palha, galharia, cascas, lixo e resíduos industriais. Naqueles casos em que se trabalha com temperaturas elevadas, da ordem de mais de 1.000 graus centígrados, a pirólise permite inclusive a desativação de venenos sintéticos, como certos pesticidas organoclorados ou biocidas de uso industrial (PCB, fenóis, cloreto de vinila e outros).

Temos hoje no Brasil usinas siderúrgicas que trabalham com carvão vegetal. A produção de carvão vegetal é um processo de pirólise, mas, nesse caso, a maior parte da energia se perde na fumaça. Se a produção desse carvão vegetal fosse feita em termos de aproveitamento integral, com o uso da parte volátil, além do carvão teríamos combustíveis líquidos e sólidos equivalentes a pelo menos nove vezes a energia do carvão. Ali também estamos destilando uísque para produzir água. Mas sobra lugar para o próprio álcool, desde que seja produzido a partir de resíduos agrícolas ou industriais e em combinação com adubação orgânica. O vinhoto não mais iria para o rio ou arroio mais próximo, seria usado como adubo.

Se houvesse realmente consciência energética nas cabeças de nossos administradores públicos, há tempo estariam promovendo os métodos de agricultura orgânica, em vez de promover o desastre da agroquímica. A agricultura orgânica é autárquica em insumos e em energia, ao mesmo tempo que reconstitui a fertilidade sustentável do solo, reconstitui vida variada no campo e saúde na população.

É claro que o aproveitamento descentralizado, humano e democrático da energia, em nível de propriedade ou de comunidade, eliminando as dependências centralistas, não interessam ao poder tecnocrático multinacional. Ele usará toda sua força para evitar uma evolução nessa direção. Por isso o cidadão precisa conscientizar-se e precisa pressionar seus representantes nos parlamentos, para que cortem as cabeças da hidra enquanto isso for possível.

# COMO MELHORAR A PRODUÇÃO DE ÁLCOOL*

> *A produção de álcool poderia ser melhorada, com diminuição e até inversão de impactos ambientais.*

O programa de produção de álcool combustível poderia, com pouco esforço adicional, ser consideravelmente melhorado, com diminuição e até inversão de impactos ambientais, aumento e melhoria da qualidade dos empregos, e poderia mesmo contribuir para uma importante revolução agronômica.

A visão reducionista da agroquímica nos campos de cana tem levado a uma prática profundamente perniciosa: a queima do canavial para facilitar a colheita. Além da poluição da fumaça, que tem levado a sérios transtornos e protestos, essa prática significa grande perda de fertilidade. Já foi demonstrado que, dos nutrientes contidos na matéria orgânica queimada, até 60% podem perder-se com a fumaça. Mas matéria orgânica não é só nutrientes minerais. O nível de húmus, para uma fertilidade sustentável, é tão ou mais importante para o solo quanto esses nutrientes, pois a microvida do solo fixa nitrogênio do ar, evita lixiviação de nutrientes, libera nutrientes da matriz mineral do solo, especialmente micronutrientes, evita erosão e mantém a umidade.

---

* Elaborado para apresentação no I Encontro Internacional de Energia da Cana-de-Açúcar, em Alagoas, agosto de 1990.

Vejamos agora um cenário, algo diferente do atual. O canavial não é queimado antes da colheita. O boia-fria recebe correspondentemente mais por tonelada cortada, porque leva mais tempo para cortá-la e limpar as hastes. Haverá maior número de cortadores de cana. O trabalho será menos insalubre – desaparece a cinza e a fuligem no ar. As cidades vizinhas não terão mais o incômodo da fumaça e flocos de cinza. O solo não perdeu os nutrientes que estavam na folha seca.

A folha seca forma linda cobertura morta no solo. Com isso se evita o emprego de herbicidas. Uma diminuição considerável nos custos, eliminação de veneno no ambiente de trabalho e no ambiente natural. A cobertura morta, além de controlar a erva nativa, segura umidade no solo, lentamente se transforma em húmus, promovendo microvida.

O vinhoto (ou restilo) é aplicado sobre essa cobertura morta, não mais sobre o solo nu, causando acidificação e mesmo erosão. Detalhe importante: não mais serão aplicadas quantidades cavalares de vinhoto em parte da lavoura, só para dar sumiço ao mesmo, e nada no resto. O efeito mais importante do vinhoto não é, como gosta de calcular a agroquímica convencional, o aporte de nutrientes minerais, é a ativação da microvida no solo! Assim, cada hectare receberá quantidade de vinhoto correspondente apenas à quantidade de garapa que produziu. O vinhoto acelera a decomposição e humificação da folha seca. Sua gradual incorporação superficial melhora a estrutura física do solo, tornando-o mais grumoso e arejado ao mesmo tempo que lhe dá maior capacidade de retenção de água. Aumenta-se e diversifica-se a microvida do solo e surgem também organismos maiores, como as minhocas, que fazem um maravilhoso trabalho de fertilização do solo.

Só com essa medida o fazendeiro economiza consideráveis somas na eliminação de herbicidas e diminuição no emprego de adubos minerais comerciais. Economiza também nos agrotóxicos, pois, em um solo mais são, diminui radicalmente a incidência de pragas e enfermidades na cana. A economia nos custos compensa amplamente a melhoria na condição do boia-fria.

Essa situação melhora ainda mais se o vinhoto não for aplicado cru, mas somente após passar por digestão anaeróbica metanogênica, ou seja, após produzir biogás (gás metano). Já temos alguns grandes engenhos que produzem biogás para suas fornalhas. Após digestão metanogênica, o vinhoto se transforma em um biofertilizante líquido de grande valor biológico – ele contribui não somente e quase instantaneamente para um aumento substancial na fertilidade do solo, mas ele melhora também a higidez da planta, especialmente quando aplicado sobre a folha. O efeito fitossanitário é muito melhor que o da aplicação do vinhoto cru, sem falar da energia adicional para a usina. Além disso, o vinhoto fermentado pode ser usado em outras culturas como aplicação foliar diluída (2%) para controlar, entre outros, problemas como o da "vassoura de bruxa" no cacau.

O bagaço não queimado na usina será transformado em ração para o gado ou cabritos confinados. Já existem várias experiências bem-sucedidas nesse sentido. Não somente o bagaço será utilizado para esse fim, mas também as pontas verdes da cana, que hoje se perdem na queima do canavial. Com essas, melhora a qualidade da alimentação do gado, pois recebem suplemento verde.

A produção de carne se tornará atividade importante junto à usina de álcool ou açúcar, uma grande contribuição para a economia do país – melhora quantitativa e qualitativa no suprimento de alimento para a população e melhora no balanço comercial com exportação de carne.

Se o vinhoto, antes de sua aplicação no campo, for utilizado para a produção de biogás, sobrará mais bagaço, o que aumenta as vantagens que isso traz para o balanço energético, financeiro, fitossanitário, social e econômico.

Essas vantagens aumentam ainda mais se o confinamento dos animais for feito de tal forma que possa ser aproveitado o esterco. Esse será levado ao biodigestor, com o vinhoto ou em operação separada. Em ambos os casos o biofertilizante irá para o campo, economizando fertilizante químico e, pela melhor higidez das plantas, agrotóxicos, que estão entre os insumos mais caros. Caso o esterco não passar por biodigestor, poderá ser compostado ou ser levado diretamente à lavoura.

Hoje, na maioria dos engenhos que tenho visitado, a cinza do bagaço que sobra nas fornalhas é desperdiçada. No entanto, é nela que estão os nutrientes minerais que estavam no bagaço, com exceção da parte que saiu na fumaça que, se a fornalha for eficiente, será muito pequena. Essa cinza, mesmo quando vitrificada pela alta temperatura, ou seja, se estiver transformada em escória insolúvel, pode e deve ser devolvida à lavoura. Basta para isso moê-la em moinho de martelo. Em um solo vivo, rico em húmus e microvida, os nutrientes, mesmo desse tipo de cinza, se tornam rapidamente acessíveis à planta.

Uma consideração importante da qual a agronomia moderna costuma esquecer-se no caso da cana: tanto o açúcar quanto o álcool só contêm os elementos carbono (C), oxigênio (O) e hidrogênio (H). A planta retira do ar e da água esses elementos, não precisam ser devolvidos ao solo em forma de adubo. Os elementos que a planta retira do solo, o fósforo (P), o potássio (K), o cálcio (Ca), o magnésio (Mg) e todos os microelementos estão na cinza, no vinhoto, na folha seca.

As reciclagens acima propostas devolvem esses elementos ao solo. Será mínima a necessidade de adubação química. Bastará uma eventual adubação com fosfatos naturais de produção nacional e baratos. Acima não mencionamos o nitrogênio. Isso porque um solo com microvida intensiva, resultado das práticas acima descritas, tem condições de fixar biologicamente o nitrogênio do qual necessita a cana para um desenvolvimento satisfatório e excelente fitossanidade. O nitrogênio fixado pela microvida é entregue lenta e continuamente à planta, não causa os desequilíbrios metabólicos originados pela aplicação maciça dos adubos nitrogenados sintéticos, uma das principais causas da suscetibilidade da planta às pragas e enfermidades. Caso no replantio, ou seja, nas lavouras novas, for plantado feijão entre as linhas, haverá mais uma melhora com enriquecimento do solo com nitrogênio e melhora de estrutura orgânica, sem falar da renda adicional com o feijão.

Quanto mais intensiva for a reciclagem, maior será a produtividade, será a qualidade, será a fitossanidade – diminuirão os impactos ambientais, aumentará a quantidade e a qualidade do emprego. Um engenho de cana ou açúcar propiciará mais emprego, melhor pago e menos sazonal, o esquema como um todo será permanentemente sustentável, o que não se pode dizer da maioria dos esquemas atuais.

Aumentaremos, assim, a eficiência e a economicidade dos plantios existentes, jamais destruiremos o que sobra de bosque, banhados e outros ecossistemas nativos ainda intactos. O álcool poderá assim tornar-se fator de recuperação natural e social, e será subproduto de uma maciça produção de carne.

# AS FLORESTAS TROPICAIS E O CLIMA*

> *Bem antes de toda a floresta ter sido cortada, um ponto de não retorno poderá ser ultrapassado. E o que acontecerá se a floresta úmida entrar em colapso? Importantes fatores de controle do clima serão profundamente afetados.*

Sistemas complexos como são os seres vivos, seja um animal ou todo um bioma, são sistemas altamente equilibrados, com muitas interações e mecanismos de controle internos e externos, mecanismos de *feedback*. Tais sistemas tendem à estabilidade. Suportam muitas agressões e abusos. Mas só até certo ponto, a partir do qual se estabelecem em um nível de equilíbrio mais baixo – ou entram em colapso. Quando tentamos prever o comportamento de um sistema desses reagindo a um estresse, não podemos fazer extrapolações lineares indefinidamente.

**O ponto de colapso, na maioria das vezes, é imprevisível.**

Para elucidar isso, usemos uma metáfora cruel. Imaginemos uma régua sendo lentamente empurrada por sobre a borda de uma mesa. É um anãozinho minúsculo

---

* Texto original em língua inglesa. Publicado no jornal *Sundance Summit*, de Utah, Estados Unidos, agosto de 1989. Tradução de Lilly Lutzenberger. Condensado por Lilian Dreyer.

quem a empurra, usando a força dos pés, parado sobre a ponta da régua que ainda se encontra apoiada sobre a mesa. Por ser muito pequeno, ele não consegue enxergar a outra extremidade, mas sua experiência prévia o faz sentir-se seguro o bastante para acreditar que pode continuar empurrando indefinidamente. Então, repentinamente, a régua emborca e despenca. No decorrer da queda, se tiver tempo, o anãozinho poderá tornar-se mais sábio. Mas isso já não lhe servirá de grande coisa, pois será tarde demais.

Pouco antes do ponto de inflexão, poderá ocorrer um curto período de vibração, durante o qual, caso providências sejam tomadas rapidamente, a régua poderá ser puxada de volta para um lugar seguro.

Será que a moderna sociedade industrial já levou as coisas a um ponto tal que nos encontramos agora no meio ou muito perto da fase vibratória?

O intervalo de temperaturas dentro do qual a Vida pode existir e florescer, isto é, o intervalo de temperaturas que torna a bioquímica possível, é extremamente reduzido. No universo, em geral, as temperaturas vão do zero absoluto a 273 °C negativos, nos espaços interestelares ou nos planetas mais distantes de nosso sistema solar, até perto de 20.000.000 °C no interior do Sol, chegando a centenas de bilhões de graus centígrados nas fornalhas de estrelas em implosão, as supernovas. Se representássemos essa variação de temperaturas sobre uma linha na qual cada grau centígrado correspondesse a um milímetro, a linha mediria várias centenas de milhares de quilômetros de comprimento. Ela chegaria muito além da Lua. A variação propícia para a Vida – indo de poucos graus abaixo de zero, em que a vida sobrevive por meio do repouso, a aproximadamente 80 graus positivos para organismos como algumas bactérias e algas – soma um total de cem graus, mais ou menos. Se colocada sobre a linha, cobriria dez centímetros. Apenas dez centímetros, em várias centenas de milhares de quilômetros!

Visto desse ângulo, nos damos conta de quão precioso é o nosso mundo. E ele se torna ainda mais precioso quando entendemos que a Vida conseguiu, ao longo de mais de três e meio bilhões de anos, contrabalançar forças que tendiam a tornar a Terra muito mais quente ou muito mais fria. Sabemos, por evidências cosmológicas, que o Sol é hoje uma e meia a duas vezes mais quente do que era quando a Vida começou nos oceanos primordiais. Nossa Terra poderia ter acabado em uma situação de efeito estufa descontrolado, como Vênus, pois as temperaturas se elevariam para cerca de 100 °C acima de zero. Os oceanos teriam evaporado. Ou, se por alguma razão, tivesse havido mais frio nos primórdios da Vida, o descontrole poderia ter tomado a direção contrária: um albedo maior do que temos, ou seja, uma maior refletividade, teria mandado uma grande parte da energia solar incidente de volta para o espaço. Menos calor, mais neve, mais albedo ainda, ainda menos calor. A Terra poderia ter se tornado uma grande bola coberta de neve. De um jeito ou de outro, Gaia, o fantástico planeta vivo, não teria surgido. Ou teria durado muito pouco.

Já se vê que há mais fatores relacionados ao clima do que o efeito estufa ou o buraco na camada de ozônio.

Reagindo à inquietação mundial com relação à devastação da floresta amazônica, o governo brasileiro gosta de argumentar que nós não deveríamos nos preocupar. Afinal de contas, a contribuição dos incêndios florestais na Amazônia para o aumento da taxa de dióxido de carbono é de menos de 20% do total. Realmente, um modo de pensar absurdamente linear! Mas muito comum entre aqueles que detêm o poder de ação e poderiam mudar as coisas antes que seja tarde.

**Levando em consideração apenas as florestas úmidas, como a floresta amazônica, já nos defrontamos com vários fatores importantes de controle do clima mundial.**

É nas *rainforests* que ocorrem as mais altas precipitações de chuva, e é também nelas que se verifica uma evapotranspiração incrivelmente intensa. O professor Eneas Salati, da Universidade de São Paulo – Piracicaba, demonstrou que ao redor de 25% das chuvas nessas florestas nunca alcançam o solo. A água mal toca a folhagem e já é reevaporada. Dos 75% da água que alcança o solo, somente um terço, isto é, outros 25% do total, termina em córregos e rios e volta para o oceano. Considerando o bioma amazônico em sua totalidade, no momento em que chega a chover nas encostas a oeste dos Andes, a mesma água já subiu e desceu entre cinco e sete vezes. Ou seja, a floresta úmida produz seu próprio clima e é ao mesmo tempo resultado dele.

Uma das grandes ironias da moderna sociedade industrial, com sua sofisticação tecnológica, é que agora podemos observar nosso planeta como um todo. Ninguém consegue derrubar um hectare de floresta ou plantar um hectare de milho sem que um terminal de computador nos laboratórios espaciais das grandes potências e de algumas menores o mostrem. No entanto, aqui embaixo, continuamos nos comportando como se fôssemos cegos.

**Olhemos então para a Amazônia desde a perspectiva do satélite. O que veremos, se ficarmos olhando**

**por alguns dias ou semanas, é impressionante e muito revelador.**

As massas de ar, como mostram os movimentos das nuvens, viajando em direção à região central da América do Sul desde o Atlântico, se movem para o leste e se chocam com a Cordilheira dos Andes. Lá, o fluxo se divide em três ramos. A parte central salta por cima das montanhas, em direção ao Pacífico, e segue em direção ao leste junto da linha do equador, acompanhando a convergência da corrente marítima quente do norte, o El Niño, com a corrente fria de Humboldt, vinda do sul. Os Andes também parecem redirecionar uma importante parte dessas massas de ar para o sul, passando sobre o cerrado da região central do Brasil e descendo até a Patagônia. Outro ramo dirige-se ao norte, atravessa o Caribe, roça a costa oeste da América do Norte e, acompanhando a corrente do Golfo, alcança e penetra no centro e no norte da Europa.

A floresta Amazônica é vital para o clima do planeta, mas não por produzir oxigênio. Esqueçamos a metáfora "Amazônia pulmão do mundo". Começa que o pulmão não produz oxigênio, apenas o utiliza, e na verdade oxigênio não é a questão mais urgente quando nos preocupamos com a floresta. A perda de biodiversidade, essa sim, é de extrema importância. Infelizmente, os poderosos não se impressionam facilmente com argumentos desse tipo. Ouvi vários deles dizer: "e daí se algumas borboletas ou rãs se perdem?". Eles precisam de argumentos de urgência mais imediata. Felizmente, os governos das nações mais poderosas estão agora se preocupando com a crise climática e ao menos dão crédito à necessidade de se frear a devastação da Amazônia. Eles provavelmente sabem que a floresta úmida se relaciona com o clima de muito mais maneiras do que só o balanço de dióxido de carbono na atmosfera.

Mas a devastação ainda é subsidiada por nosso governo irresponsável e, ao que parece, o Japão pretende fazer um empréstimo de dois e meio bilhões de dólares ao governo brasileiro. Um empréstimo "não específico". Mas todos sabemos o que os japoneses desejam e o que nosso governo e alguns indivíduos gananciosos querem: o prolongamento da BR 364, do Acre até um porto peruano no oceano Pacífico. A intenção é viabilizar exportações de madeira para o Japão e a China. O Conselho Nacional de Seringueiros está lutando desesperadamente contra essa estrada, assim como os índios. Se a devastação alcançar 20% ou mais, especialmente se considerarmos que grande parte ocorre no oeste, no início da cadeia de reciclagem da chuva, há a possibilidade de o restante da floresta entrar em colapso!

A floresta úmida tem raízes extremamente superficiais. Isso se deve ao fato de o solo ser muito pobre em nutrientes e não ter capacidade de retê-los. A reciclagem é quase imediata. A folha seca que cai ao chão é literalmente devorada pelas raízes capilares que emergem do solo, em simbiose com alguns fungos. Praticamente não há cobertura morta na superfície do solo e não há húmus. Esse tipo de floresta não suporta períodos prolongados de seca. Mesmo quando não morre rapidamente, pode tornar-se combustível. Já podemos observar certos tipos de floresta entrar em colapso na Amazônia. Em algumas planícies inundadas mais baixas, a floresta está morrendo sem ninguém passar-lhe a motosserra ou aplicar agentes desfolhantes. O regime das águas mudou por causa dos desmatamentos no leste.

**Portanto, bem antes de toda a floresta ter sido cortada, um ponto de não retorno poderá ter sido ultrapassado – e o colapso ocorrerá.**

Tal como o anãozinho sobre a régua, só saberemos disso quando já for tarde demais.

Se a floresta úmida entrar em colapso, vários importantes fatores de controle do clima serão profundamente afetados: a elevação da taxa de dióxido de carbono sofrerá um tremendo aumento adicional; a fantástica evapotranspiração, isto é, a colossal bomba de calor que envia energia do equador para latitudes mais altas, ao norte e ao sul, deixará de funcionar. Salati calculou que a mobilização diária de energia na floresta equivale a seis milhões de bombas atômicas. Em seu lugar haverá um forte albedo, devolvendo a energia solar incidente ao espaço, e a tórrida superfície do solo provocará ventos ascendentes quentes que dissolverão as nuvens entrantes, ao invés de produzir novas. O atual *feedback* positivo para mais chuva se transformará em um *feedback* positivo para mais seca.

James Lovelock, autor da hipótese Gaia, também aprofundou a questão dos efeitos reguladores de gases raros na atmosfera. Gases como metano, amônia, enxofre e óxidos de nitrogênio, além de resinas e gases aromáticos exsudados pela floresta em concentrações extremamente baixas, podem exercer efeito regulador sobre os ciclos de gases mais abundantes. Por exemplo, porque a fotossíntese, já operando há aproximadamente dois e meio bilhões de anos, não incrementou a concentração do oxigênio atmosférico para além dos atuais 21%, o que seria catastrófico? Em uma taxa de 30% de oxigênio, a floresta, até mesmo encharcada, poderia pegar fogo, e um único raio poderia desencadear sua destruição total.

Ou então, por que a respiração não reduziu a concentração de oxigênio até níveis perigosos? Existe algum mecanismo de controle, ou vários mecanismos, sobre os quais quase nada sabemos. Até onde nos consta, os modelos sobre o clima mundial que estão sendo elaborados pelos climatólogos ainda nem mesmo incluem a hipótese, hoje tão real, do desaparecimento das florestas úmidas do mundo.

Mas será mesmo que precisamos de mais informação para agir?

É uma tática comum dos tecnocratas e burocratas solicitar mais pesquisa quando são submetidos à pressão pública, por causa da poluição que ocasionam. Enquanto as pesquisas são realizadas, eles podem continuar jogando sua sujeira no ambiente. Sabemos que estamos bagunçando todos os mecanismos de controle climático, os por nós conhecidos e não conhecidos também: dióxido de carbono, ozônio, aerossóis, poeiras, nebulosidade, evapotranspiração, albedo, resistência ao vento, metano, óxidos de nitrogênio e enxofre, freons, hidrocarbonetos etc. etc. Por quanto tempo ainda podemos abusar do sistema? Quanto tempo levará até que Gaia tenha uma febre?

**Se as coisas derem errado, elas nem precisarão dar totalmente errado para que já as atuais gerações sejam gravemente afetadas.**

O impacto não esperará cem anos para acontecer, ele começa agora. Não precisamos ter outra era do gelo ou o derretimento das calotas polares na Groenlândia e na Antártida, com a consequente inundação de grandes cidades e territórios densamente habitados. Com uma simples exacerbação das irregularidades climáticas que já existem, em breve não mais poderemos contar com colheitas seguras. De que nos servirá um clima aprazível nos Alpes se não tivermos mais o que comer? E o que dizer das calamidades sociais e das revoltas que se seguirão, em um mundo onde loucos e genocidas têm acesso a armas terríveis?

O que para Gaia, ao longo de sua existência de 10 bilhões de anos, com pelo menos mais 5 bilhões pela frente, poderá ser apenas uma leve e passageira febre, para nós poderá significar o fim da civilização.

Uma pessoa sábia pode se arriscar a aprender com os seus erros, mas ela evitará experiências que, se derem errado, terão consequências inaceitáveis ou irreversíveis.

Como podemos fazer os poderosos compreender que a moderna sociedade industrial está engajada exatamente nesse tipo de experiência?!

# PERNICIOSA CEGUEIRA CULTURAL*

> *Que civilização é esta, na qual não mais vale a pena ter filhos?*

Para entender as causas profundas da brutalidade da devastação da Natureza em nosso país, precisamos dar-nos conta de certos aspectos psicológicos que, por mais generalizados que sejam, praticamente não são confrontados, discutidos e combatidos. Para quem tem visão e sensibilidade naturalista biológico-ecológica é doloroso observar os fatos, mais doloroso ainda é constatar quanta gente, especialmente entre os que têm poder para promover mudanças, é incapaz de enxergar e de sentir revolta, muito menos de agir. O esquema educativo nos três níveis escolares continua preparando gente alienada diante da Natureza, e os meios de comunicação, especialmente a televisão, que são hoje os verdadeiros educadores (ou deseducadores?), pouco contribuem para a necessária reeducação.

De um ano para cá tenho estado regularmente na Amazônia, que conheço, de viagens e trabalhos anteriores, há um quarto de século. Em minha já longa vida – são setenta e um anos – conheci e observei de perto mais de cinquenta países. Em nenhuma outra região do mundo a alienação a que me refiro se mostra tão intensa e feroz quanto na Amazônia.

---

* Redigido em novembro de 1997, quando Lutzenberger se aproximava de seu 71º aniversário.

Quem sai do terminal do aeroporto de Manaus e caminha para o estacionamento atravessa um ajardinamento público. Seu conceito e acabamento testemunham essa alienação. Ela merece ser qualificada de doença mental contagiosa – digo contagiosa porque continua a se alastrar. Estamos em pleno coração da maior floresta tropical úmida do mundo, o mais complexo, precioso e vulnerável bioma (superecossistema) do planeta. No estado do Amazonas, ele ainda está mais de noventa por cento intacto. A maioria dos turistas que aqui vem, vem justamente para vê-lo. Entretanto, nesse jardim, absolutamente nada, nada mesmo, lembra a Amazônia. Nem vestígio sequer da gostosa e fresca sombra do bosque tropical. Tudo é exposição direta ao causticante sol equatorial. A não ser à noite, ninguém escolherá esse lugar para descansar em banco ao ar livre. Nos estreitos canteiros emoldurados de cimento, todas as plantas são exóticas. São tropicais, é verdade, mas todas são de outros continentes, Ásia, Oceania, África.

Existe ali um lago. Ele tem formas geométricas retas e angulosas, também emoldurado em concreto. As paredes verticais lisas têm altura suficiente para que um sapo, uma rã, uma cobra que porventura procurarem essa água possam entrar, mas se entrarem não mais poderão sair. Acabarão ali morrendo e apodrecendo. A água é frequentemente trocada, o fundo e as paredes são escovados como se o lago fosse uma banheira. Não se permite a formação de um lodo natural no fundo, nem que cresçam plantas aquáticas submersas ou flutuantes, tão comuns, belas e diversificadas na Amazônia. Sempre que ali passo, a água se apresenta verde como sopa de ervilha, sem transparência, eutroficada, isto é, desequilibrada por excesso de nutrientes. A última vez que atravessei a ponte que corta o lago, ali estava um funcionário alimentando os peixes. Calculam os zoólogos que o mais potente sistema fluvial da Terra abriga bastante mais que duas mil espécies de peixes. Que espécies estava ele alimentando? Eram tilápias africanas e carpas chinesas! Com quê? Com alimento peletizado para cachorro produzido no Rio Grande do Sul...

Esse exemplo e outros parecidos são apenas o produto mais ameno do estado de espírito predominante. Mas tudo o que hoje se faz na Amazônia em nome de "progresso" e do "desenvolvimento" é imposição cega e brutal sobre o ecossistema local que, preferivelmente, seria completamente eliminado.

Haja vista como são construídas as estradas. A terraplenagem não poderia ser mais absurda e agressiva. Os engenheiros que, suponho, por total falta de sensibilidade ambiental, deixam os capatazes trabalharem sem orientação, desconhecem a prática, comum em qualquer país sério, que consiste em separar inicialmente a capa vegetal do solo para reaplicá-la sobre a forma final, facilitando assim o recultivo de uma cobertura vegetal. O que se vê são gigantescas e gritantes feridas na paisagem, sem nenhuma consideração estética nem respeito pelas formações geológicas; complexos vegetais, nem falar. Mesmo em substrato arenoso ou de argila fofa, são cortados taludes quase verticais que logo desmoronam. Aparecem voçorocas profundas que crescem rapidamente e chegam muitas vezes a ameaçar o leito da própria estrada, o que provoca novos trabalhos, igualmente agressivos. Em alguns lugares formam-se assim paisagens com formas deveras bizarras: agudas línguas verticais, pontudas como pontas de lança, pirâmides ou cones e gigantescas lâminas de facas bem afiadas, lembrando certas formações em desertos de parques naturais, que são famosos justamente por essas formações. Só que lá são o resultado de paciente erosão geológica em centenas de milhares de anos, aqui são atestado de visão técnica reducionista, descalabro momentâneo que leva a sempre mais estragos, entre outros, o assoreamento do igarapé a jusante.

Nos raros casos em que há tentativa de fixar os taludes com capa vegetal, verifica-se insistência em gramíneas que ali não têm futuro; mas quando a natureza luta para fechar as feridas e consegue estabelecer complexos herbáceos e arbustivos, esses são logo combatidos ou queimados. Quando as estradas cortam os igarapés, a drenagem costuma ser insuficiente. A montante, o igarapé se transforma em lago, cobrindo e matando a vegetação típica, inclusive a palmeira buriti, uma das mais lindas palmeiras que conheço. Sobram os troncos mortos, tristemente emergindo da água parada. As estradas BR-174 e a AM-010, a cada quilômetro de sua extensão, ilustram essas atitudes. Não somente ao longo das estradas que levam ao interior – ainda bem que são poucas –, mas em plena cidade, especialmente nos novos troncos, a filosofia é sempre a mesma, a terraplenagem não poderia ser mais agressiva. Os novos loteamentos e bairros industriais começam sempre com terraplenagem total, que não deixa vestígio de verde. Custo a entender como conseguem as pessoas motivar-se a comprar terreno em meio a esses desertos lunares.

Voltando às estradas, além das feridas que elas próprias propiciam, a paisagem geral que elas infelizmente tornaram acessível, sem que se verifique preocupação ou ação oficial para disciplinar a ocupação, sofre logo violento processo de degradação, muitas vezes irreversível.

O mais incrível é ver como até nos sítios de lazer, alguns dos quais em suas placas no portal de entrada se dizem "sítio ecológico", a ocupação começa invariavelmente pela devastação total. O que havia de floresta e todos os complexos de vegetação secundária são impiedosamente derrubados e queimados. Surgem jardins perfeitamente artificiais, com canteiros, gramados e caminhos em formas geométricas, árvores plantadas em formação de pelotão militar, troncos caiados de branco. O manejo do solo é esterilizante. Não toleram folhas secas no chão. Essas e toda matéria orgânica morta, galharia, palha, pequenos e grandes troncos são juntados e queimados, muitas vezes debaixo de árvores plantadas e já bem desenvolvidas, inclusive frutíferas, que acabam morrendo. Ao longo das citadas estradas, pode-se ver lindos jambos, com sua forma cônica e folhagem densa, parcialmente ou inteiramente queimados. Ali estão, mortos, de pé. Falta vergonha até para retirá-los, tristes testemunhos que são da insensatez imperante.

É difícil, para mim, entender como pessoas da cidade, que durante a semana sofrem a inclemência do mar de concreto, queiram passar seu fim de semana em ambiente tão devastado, igualmente inclemente e sem sombra, a não ser sombras artificiais de telha corrugada, de zinco ou amianto, que nas horas de sol são verdadeiros fornos solares, que irradiam calor sobre quem debaixo delas se abriga. Após um almoço em lugar assim, a gente levanta banhado em suor. Eliminam-se as agradáveis sombras naturais gratuitas para fazer sombra artificial dura e cara. Mas os jardins que se podem observar na cidade raras vezes oferecem sombra natural. Costumam estar cercados de altos muros de alvenaria, os canteiros são vestigiais, com plantas quase sempre exóticas e de pouca altura. O chão está quase completamente pavimentado. Como pode uma criança que se cria em ambiente assim aprender a conhecer e sentir as maravilhas de um solo vivo? Um solo como a natureza costuma fazer e teima em refazer, por lento que seja o processo, cada vez que nós, humanos, o destruímos.

Felizmente, o estado do Amazonas sofreu pouco a praga das grandes derrubadas para fazendas de gado, a coisa mais absurda que se pode fazer na Amazônia. Assim mesmo, ao longo das estradas que tive o desprazer de conhecer, é possível ver alguns dos chamados pastos. O aspecto é chocante. Quando não predominam troncos e galharia carbonizada, a vegetação que consegue se restabelecer é praticamente sem valor para o gado. A erosão é violenta, e na volta dos piquetes prossegue a devastação no que sobra de bosque.

Tive oportunidade de conhecer de perto um assentamento de pequenos agricultores e de conversar intensivamente com o chefe da cooperativa. Eles haviam lutado muito para conquistar o direito à terra. Pretendiam sobreviver com fruticultura tropical, plantando mamão, manga, abacate, jambo, cacau, café, acerola, cupuaçu, abacaxi, goiaba, guaraná, caju, maracujá, cítricas e até pupunha e outras palmeiras, criar algumas galinhas e porcos, fazer piscicultura. Intenção certa e mercado certo na metrópole próxima. A agricultura certa para a região só pode ser a permacultura, com cultivos arbóreos perenes consorciados, de preferência sombreados, como no passado se fazia com café e cacau.

Mas a realidade é triste, é desesperadora. Os colonos estão afetados da mesma doença mental – ojeriza de toda matéria orgânica e raiva de toda forma de "mato", ou seja, toda forma de vegetação espontânea. Os cultivos estão todos doentes, deficientes, fracos, improdutivos. Como poderia ser diferente, se eles mantêm o solo absolutamente nu, exposto ao sol causticante e à erosão? De tanto juntar tudo o que é palha, folha seca e galharia morta, e com ajuda da erosão, muitas de suas árvores estão com suas raízes expostas, outras estão parcialmente ou totalmente mortas pela queima desse material debaixo delas, como relatei acima para os sítios de lazer. Interessante é notar a seletividade da ojeriza. Se, por um lado, matéria orgânica natural parece que dói na vista deles, por outro, predomina cegueira perfeita diante de lixo plástico, papel, tecidos, entulhos, sucata. Esse tipo de material está espalhado, amontoado ou voa por toda a parte, inclusive nas moradias e mesmo no galpão de reuniões da cooperativa, sem que ninguém se preocupe.

Se não houver, rapidamente, reeducação desses pobres colonos, para ensinar-lhes o valor da matéria orgânica e como preservar e estimular a vida do solo, esse tipo de assentamento não terá futuro. A produtividade atual é mínima e decrescente, não é suficiente nem para consumo próprio – umas poucas mangas do tamanho de ovo de galinha mal bastam para sobremesa. Por enquanto, os colonos sobrevivem com ajuda eleitoreira do governo – uma pequena mesada e comida. Esse tipo de situação e outras parecidas se repetem aos milhares em todo o Brasil. Às vezes tenho a impressão de que certos setores de governo e da tecnocracia ou o poder dos grandes fazendeiros querem que assim seja, querem ver o fracasso desses assentamentos.

Onde estiveram, durante todos estes anos, os órgãos de pesquisa e extensão agrícola, as secretarias de agricultura nos estados e municípios, as escolas de agronomia? E o Incra que, isto sim, sabe promover devastação em grande escala, como fez em Rondônia, que ainda aceita derrubada como benfeitoria para efeitos de documentação de posse ou propriedade? Muito fácil e barata teria sido a reorientação. Não precisamos de pesquisa nova, nem de grandes projetos com grandes verbas. Os pesquisadores, os extensionistas, os agrônomos regionais do esquema estatal têm salários, veículos, diária para viagem, só faltam as ideias e a iniciativa individual. Falta também a capacidade de observação e de revoltar-se diante dos descalabros que estão à vista de todos que quiserem ver.

A prova mais chocante da insustentabilidade da situação no assentamento, que tive a tristeza de ver, foi quando me mostraram seu álbum de fotos. Havia uma foto com imagem comovente: a escola. Umas duas dúzias de crianças sentadas em bancos primitivos em torno da professora. A foto tinha uns três anos, as crianças estavam com dez a doze anos. Comentário: "Todas já se foram embora, para a cidade, não ficou uma com a gente. Aqui não temos condição de dar futuro para elas". Mas então, que civilização é essa na qual não mais vale a pena ter filhos? E para isso estamos aniquilando a magnífica Floresta Amazônica e tantos outros ecossistemas naturais no Brasil!

Os absurdos até aqui relatados, que são os que ainda predominam no estado do Amazonas, são coisa pequena diante do que acontece no resto da "Amazônia Legal", no Maranhão, Pará, Amapá, Roraima, Rondônia, Acre, assim como no Mato Grosso e Tocantins; que acontece em toda a Mata Atlântica, no Cerrado, Agreste, Caatinga e Pantanal, nas lindas praias de Santa Catarina e, enfim, em toda a costa brasileira. Em todo o território nacional, em todos os seus ecossistemas, avança a devastação.

Sendo que em toda a parte predomina o mesmo estado de espírito, é fácil imaginar o que acontece nas grandes fazendas de gado, que derrubam e queimam enormes extensões de floresta prístina para fazer pastos de produtividade ridiculamente baixa e que não são sustentáveis; nas grandes barragens, na mineração, na grande lavoura no Cerrado, na exploração madeireira, na pesca, tanto no mar como nos rios; na demolição dos arrecifes de coral etc. etc. etc.

A Eco-92, no Rio de Janeiro, tinha como lema básico o "desenvolvimento sustentável". Continuam os políticos a fazer sua demagogia em cima desse conceito, mas é quase impossível encontrar um político, um administrador público, um tecnocrata que saiba o que isso significa. Se realmente quisermos chegar à sustentabilidade da civilização humana neste planeta, não basta repensar nossos postulados básicos dentro do atual pensamento econômico e do desenvolvimento de tecnologia. Teremos que ir muito além, ou seja, teremos que redefinir *progress*o, teremos que repensar nossa visão do Mundo.

A própria revista *Time*, uma revista que não costuma questionar a visão e os alvos da tecnocracia global, em seu recente número especial *Our Precious Planet* (Nosso Precioso Planeta), de novembro de 1997, em que prevê graves calamidades em consequência da atual agressividade ambiental da cultura industrial global, com seu consumismo desenfreado, cita Stephen Jay Gould. Gould diz que, para sobreviver, a humanidade precisa chegar a uma renovada apreciação da Natureza e que "não podemos ganhar esta batalha se não conseguirmos estabelecer um laço emocional entre nós e a Natureza".

O problema, portanto, é de ordem espiritual.

*Time*, na última parte do número especial, termina dizendo: "a não ser que consigamos seguir o conselho de Gould, talvez não consigamos sobreviver".

O presente trabalho é um apelo desesperado a todo o complexo educacional da sociedade: pais, jardins de infância, primário, secundário, Ensino Superior, meios de comunicação, ministério e secretarias de educação, vamos todos iniciar, já, o esforço necessário para a necessária reeducação. Caso contrário, em futuro bem mais próximo que muitos pensam, nossos filhos estarão nos amaldiçoando.

Somente a atitude de integração e de reverência diante da Natureza nos restituirá a possibilidade de sobrevivência de uma vida civilizada.

# COLEÇÃO 64 PÁGINAS

LIVROS QUE **CUSTAM** SEMPRE R$ 5,00

DO TAMANHO DO SEU TEMPO.
E DO SEU BOLSO

E-BOOKS R$ 3,00!

**L&PM** POCKET